JORGE CALVO

Evolución estratégica del *supply chain management*:
de la eficiencia a la agilidad

CSCMP

Spain Roundtable

Recomendado por
Council of Supply Chain Management
Spain Roundtable
www.cscmp.org - www.csmpspain.org

La presente edición ha sido revisada atendiendo a las normas vigentes de nuestra lengua, recogidas por la Real Academia Española en el *Diccionario de la lengua española* (2014), *Ortografía de la lengua española* (2010), *Nueva gramática de la lengua española* (2009) y *Diccionario panhispánico de dudas* (2005).

Evolución estratégica del Supply Chain Management

© Jorge Calvo
Diseño y edición de gráficas: Clara Calvo
Foto y grafismo portada bajo licencia de Shutterstock.com

ISBN: 978-84-17262-40-2
Depósito legal: A 177-2018

Edita: Editorial Club Universitario. Telf.: 96 567 61 33
C/ Decano, n.º 4 – 03690 San Vicente (Alicante)
www.ecu.fm
ecu@ecu.fm

Printed in Spain
Imprime: Imprenta Gamma. Telf.: 96 567 19 87
C/ Cottolengo, n.º 25 – 03690 San Vicente (Alicante)
www.gamma.fm
gamma@gamma.fm

«No son las empresas las que compiten. Son sus cadenas de suministros».

MARTIN CHRISTOPHER (2005)

ÍNDICE

ÍNDICE DE GRÁFICOS

ÍNDICE DE TABLAS

ÍNDICE DE ECUACIONES

ÍNDICE DE ABREVIATURAS

CFO: Chief Financial Officer
CIO: Chief Information Officer
CLM: Council of Logistics Management
COO: Chief Executive Officer
CPFR: Collaborative Planning, Forecasting and Replenishment
CPO: Procurement Officer
DCOR: Diseño de producto y procesos
DDVN: Demand-driven value networks
Outstanding
GSCF: Global Supply Chain Forum
ISO: International Organization for Standardization
LMS: *Lean Management System*
MIT: Massachusetts Institute of Technology
MOFA: Ministerio de Relaciones Exteriores (en inglés)
NAICS: North American Industry Classification System
NCPDM: National Councils of Physical Distribution Management

OCED: Organization for Economic Co-operation and Development
OMC: Organización Mundial del Comercio
OP: Margen operativo (en inglés)
PLCOR: Gestión de producto y cartera de productos (en inglés)
QSCT: Calidad, servicio, coste y tiempo (en inglés)
RFID: Etiquetas de identificación por radiofrecuencia (en inglés)
ROA: Rentabilidad de los activos (en inglés)
ROI: Rentabilidad de la inversión (en inglés)
S&OP: Sales & Operations Planning
SCC: Supply Chain Council
SCI: Supply Chain Index
SCM: Supply chain management
SCO: Supply chain orientation
SCOR: Supply Chain Operations Reference
TMS: Toyota Manufacturing System
VICS: Comité de Normas Voluntario Interindustrial y Comercio
WTI: West Texas Intermediate

PREFACIO

Miquel Serracanta

Presidente del Council of Supply Chain Management Professionals (CSCMP) Spain
Director del Máster SCM and Logistics, EAE Business School, Barcelona
Socio fundador de Solutions & Decisions, Terrassa

Quiero empezar estas breves líneas agradeciendo muy sinceramente a mi amigo y colega Jorge Calvo por la oportunidad que me ha dado de escribir este prefacio a su primer libro.

Es para mí un gran honor y reconocimiento en sí mismo poder compartir con todos los académicos, estudiantes, directivos y profesionales de cadena de suministro esta gran obra resumen de la *supply chain management.*

Desde ya hace varios años, compartimos nuestra pasión común por divulgar la *supply chain management* y por el desarrollo de su conocimiento global, así como por la mejora continua de las competencias de estudiantes y profesionales que dedican su atención a esta disciplina en constate evolución.

Siempre digo a mis contactos, clientes y estudiantes que el aprendizaje en nuestra función no se acaba nunca y, por ello, el mejor consejo que les doy siempre es la famosa frase de Daniel Goldston que dice: «Si queréis ser apasionados en algo, sed apasionados en aprender».[1] Esta pasión es fundamental para asegurar que estamos siempre al corriente dentro de los cambios vertiginosos que sufre el mundo y, en este sentido, os aseguro que Jorge Calvo es una de las personas que mejor representan esta voluntad continua de reaprendizaje y de compartir lo sabido para ir encontrando respuestas en lo aún desconocido.

Jorge Calvo tiene una extensa experiencia en todos los ámbitos de la *supply chain global,* donde ha desarrollado diversas posiciones directivas en la multinacional tecnológica japonesa Roland DG durante más de treinta años; los últimos cinco reside en Japón y actúa como presidente y *executive officer* de su división global de *supply chain management.*

Este libro, sin duda, se convertirá en una referencia fundamental para el conocimiento de las cadenas de suministro globales, ya que a todos los que ama-

---

1. Daniel Alan Goldston (1951, Oakland, Estados Unidos) es un matemático famoso por desarrollar la teoría de los números y profesor de Matemáticas en la Universidad Estatal de San José, California.

mos esta función nos va a permitir consultar y entender los fundamentos de la misma, y utilizarlo como manual de soporte en todos aquellos momentos que lo precisemos.

El libro aborda los distintos pilares de las cadenas de suministro, desde la parte más histórica y de evolución del propio concepto del *supply chain management,* para guiarnos a través de las distintas visiones estratégicas de las cadenas de suministros y los cinco marcos de referencia claves en su gestión.

Desde esta visión conceptual inicial, plantea diversas iniciativas empresariales y, especialmente, las bases del *Lean Management System,* originado en Japón, para centrarse después en los modelos de estrategias competitivas del *supply chain management,* los cuales deberemos escoger de manera sabia en cada momento, en función de la madurez y los entornos competitivos de mercado en que se encuentre nuestra compañía.

La parte final del libro encaja las variables operativas de la *supply chain management* con las partes financieras y de gestión de riesgos inherentes a los negocios, con vistas a lograr que los directores generales y CEOs de las compañías puedan ver el verdadero valor que aporta una gestión profesional de toda la cadena de suministros integrada de sus negocios.

Me gustaría finalizar con un deseo personal para Jorge: que tenga una muy larga y provechosa carrera educativa, de transmisión de sus enormes y brillantes conocimientos y experiencias, y que los profesionales de la cadena de suministros podamos seguir aprendiendo de un excelente maestro como él.

Espero poder seguir colaborando con él muchos años más, puesto que será para mí un auténtico placer continuar trabajando juntos en nuevos proyectos educativos y formativos para la mejora continua y el desarrollo de todos los profesionales de la función.

Les deseo una muy entretenida y provechosa lectura.

¡Gracias y muchas felicidades por este fundamental libro, Jorge!

Miquel Serracanta

Terrassa, octubre del 2017.

INTRODUCCIÓN

El propósito de este libro centra en el interés actual del *supply chain manage-ment* (gestión de la cadena de suministros, en adelante, SCM) dentro del campo de la gestión estratégica empresarial y la necesidad de las empresas de disponer de métricas que les permitan evaluar el rendimiento de sus cadenas de sumi-nistro integradas para mantener crecimientos sostenibles y ofrecer resultados consistentes, a pesar de la complejidad y volatilidad de los entornos de negocio globales donde desarrollan su actividad (Decovny, 2011).

Una cadena de suministros bien gestionada contribuye a obtener sólidos resul-tados financieros, ya que permite a las compañías competir mediante la gestión eficiente de costes y la calidad del servicio al cliente (Decovny, 2011). Para los analistas financieros, cobra cada vez más relevancia la gestión de la cadena de suministros que ejecutan las empresas y que configura según sus estrategias de negocio con un considerable impacto en el valor del accionista. Los ejecutivos necesitan disponer de nuevas métricas que les permitan evaluar el rendimiento de su cadena de suministros.

Las tendencias actuales del SCM tales como el *Just-in-Time*, la reducción de costes por deslocalización de la producción, la globalización de los mercados, las economías de escala, la externalización o la consolidación de los suminis-tradores elevan la posibilidad de sufrir disrupciones en la redes y cadenas de suministro por la diseminación internacional y atomización de la misma (Chris-topher, 2011).

Carvalho *et al.* (2011) concluyen que las cadenas de suministros necesitan adoptar nuevas estrategias para mejorar sus habilidades respondiendo rápida-mente y de forma efectiva en cuanto a costes a los cambios imprevistos en los mercados y al creciente nivel de turbulencias y vinculan en su estudio estas ha-bilidades al rendimiento y competitividad de las empresas. Proponen un marco conceptual que permite relacionar la resiliencia y la agilidad de las cadenas de suministros con el rendimiento y la competitividad de la empresa. Christopher y Peck (2004) han desarrollado una taxonomía estratégica para el diseño de la resiliencia en la cadena de suministros, que incluye su relación con la agilidad y esta es una característica directa relacionada con la velocidad, la aceleración y la visibilidad, es decir, la rapidez en la recuperación, según Sheffi (2007).

Wagner y Bode (2008) citan una serie de crisis anteriores a 2008 que han tenido impacto en las cadenas de suministros y que han atraído la atención de los académicos —el huracán Katrina en Estados Unidos (2005), el ataque terrorista en Nueva York (2001), la epidemia de SARS en Asia (2003)— y afirman que las cadenas de suministros son cada vez más vulnerables debido a que desde la pasada década las compañías están sufriendo un incremento constante de la presión de los competidores a escala global. Este incremento de crisis disruptivas y la sensibilidad de las cadenas de suministros obligan a prestar especial atención a la capacidad de resiliencia de las empresas y a cómo estas gestionan los riesgos (Wagner y Bode, 2008).

Lambert *et al.* (1998) plantearon una serie de preguntas para futuras investigaciones: ¿Qué métricas deben ser utilizadas para evaluar el rendimiento total de la cadena de suministros completa? ¿Qué características están relacionadas con el alto rendimiento? Además, debido a que los procesos pueden variar en cada eslabón de la cadena de suministros, se requiere, a la vez, disponer de medidas vinculadas a procesos, pero también de carácter general, para evaluar la compañía en su totalidad con respecto a otras.

Kainuma (2012) enfatiza la importancia del estudio de la vinculación del SCM y el rendimiento, la resiliencia y la agilidad de las empresas, mediante la utilización de métricas financieras. Gunasekaran y Kobu (2007) animan a diseñar conjuntos de métricas tanto tradicionales como nuevas. Stock *et al.* (2009) afirman categóricamente que los científicos deben investigar y examinar los antecedentes, las consecuencias y los impactos negativos de las disrupciones e incertezas en la cadena de suministros.

Según Lee (2004): «Las mejores cadenas de suministro no son solamente efectivas en costes; son también ágiles y adaptables [...] las cadenas de suministros más eficientes se pueden convertir en incompetitivas si no se adaptan a cambios estructurales» (Lee, 2004). Son numerosas las referencias a la mejora en el rendimiento y competitividad del SCM cuando se gestionan conjuntamente estrategias que permitan una mejor y más rápida respuesta a los cambios de las necesidades de los clientes en entornos cambiantes.

La descripción de evolución del *Supply Chain Management* se realiza siguiendo una cronológica historia y recorriendo los principales autores que han realizado aportaciones significativas a su estudio. De esta forma, y junto con la bibliografía reseñada, el lector interesado puede seguir profundizando en aquellos temas de su interés a través de los autores citados y las fuentes relacionadas.

EVOLUCIÓN ESTRATÉGICA
DEL SUPPLY CHAIN MANAGEMET

1. Antecedentes del SCM

Hace más de quinientos años, Cristóbal Colón convenció a los Reyes Católicos para financiar la apertura de una nueva ruta que diese acceso a los mercados de las Indias asumiendo la hipótesis de que la Tierra es redonda, lo que situó a España como potencia económica mundial en el siglo XVI con extensa colonias en América, Europa y Filipinas.

La relevancia estratégica de la cadena de suministros en las operaciones y el comercio tiene sus antecedentes en la logística, término ya utilizado en el siglo VII a. C. Etimológicamente proviene del griego *logistikos* (del latín medieval *logisticus,* y este del griego λογιστικός, *logistikós*), que significa «saber calcular» y que definía hacer «algo lógico».

El Diccionario de la Real Academia Española de la Lengua (*DRAE*, 2001) muestra dos acepciones, distinguiendo entre logística militar y logística empresarial, que a su vez constituyen dos escuelas académicas diferentes de estudio:

1. «Parte de la organización militar que atiende al movimiento y mantenimiento de las tropas en campaña».

2. «Conjunto de medios y métodos necesarios para llevar a cabo la organización de una empresa o de un servicio, especialmente en distribución».

La evolución del aprovisionamiento de recursos externos para las operaciones y el comercio, la logística y el transporte en la distribución, han estado vinculados tanto a las revoluciones industriales como a las grandes guerras. Mercaderes y militares han ido desarrollando paralelamente sus propias técnicas y procesos de gestión a lo largo de la historia.

En un enfoque económico, encontramos antecedentes en la civilización egipcia que se desarrolló durante más de tres mil años convirtiendo la cuenca del Nilo en un eje económico y comercial alrededor del 3150 a. C., que se expandió al África nororiental, Libia, Sudán y las vías de comunicación marítimas propiciadas por el mar Rojo y el mar Mediterráneo. Esta hegemonía fue derrocada por el Imperio romano (desde 30 a. C. hasta 640 d. C.). Las expediciones comerciales egipcias no se limitaban al sector primario (productos agrícolas y materias primas), ya que hicieron grandes avances en minería, y realizaban también transacciones comerciales para proveer de bienes ornamentales y joyas a los faraones, así como la actividad de venta de esclavos. En la antigua ciudad de Balat, situada en el Sahara egipcio en el oasis de Dakhla, los arqueólogos descubrieron cientos de tablillas de arcilla con grabados cuneiformes utilizadas en la administración de las ciudades, y algunas de ellas describían la ciudad de Balat como centro de operaciones (Moeller, 2016; Moreno *et al.*, 2013), abastecimiento y logística de las expediciones comerciales financiadas por los faraones con destino al África central a finales del tercer milenio antes de Cristo. Se documentan expediciones formadas por cuatrocientos hombres para el aprovisionamiento de pigmentos, y se han encontrado vestigios —como jarras y otros utensilios— situados a intervalos de treinta kilómetros en la ruta seguida por las caravanas en el desierto para aprovisionarse de agua. El destino final de la ruta permanece desconocido, aunque lo investigadores apuntan a la hipótesis de que podría llegar hasta el lago Chad.

Encontramos antecedentes posteriores en la etapa preindustrial que llega hasta 1780. Concretamente, del siglo I a. C. hasta el XVI con el desarrollo económico de China, Persia, India y Oriente Medio, el establecimiento de rutas marítimas, como la Ruta de la Seda y el desarrollo del comercio internacional. Y en el periodo del siglo XVI al XVII con la constitución de Venecia como centro logístico marítimo de la Europa occidental y la aparición de los gremios y primeras producciones en serie de bajo volumen que acrecentaron las transacciones y los flujos logísticos.

En un enfoque militar, Clercus de Esparta en 401 a. C. reconoció el valor estratégico de la cadena de suministros en su discurso al ejército griego que comandó en la batalla de Cunaxa, al comienzo de la guerra civil con el rey Artajerjes II. Con catorce mil solados a su mando y alejados más de dos mil kilómetros de Grecia, afirmó que la supervivencia de su ejército dependía no solo de su disciplina, formación y moral, sino también de la gestión de la cadena de suministros (Chase *et al.*, 2004).

1.1. La logística moderna: militar y comercial

El concepto de logística moderna se lo debemos al barón Antoine-Henri Jomini (Suiza, 1779-1869) así como su teoría del abastecimiento y distribución de tropas y estrategia de guerra. Existen ejemplos históricos sobre cómo Napoleón fracasó en su intento de conquistar Rusia debido a la necesidad de desplazar cantidades ingentes de personal y equipos al frente de batalla. Lo mismo le ocurrió a la armada británica en la guerra de Independencia de Estados Unidos, con su incapacidad de mantener el suministro de provisiones a las tropas debido a la distancia entre continentes (Christopher, 1998).

Algo similar les ocurrió a las tropas de Hitler en 1941 por su falta de previsión para la campaña invernal en Rusia, por falta de equipamientos y la creciente dificultad de poder aprovisionar a unas mal equipadas tropas según avanzaba el frente cada vez más disperso y aislado. Las fábricas alemanas eran constantemente bombardeadas por la aviación americana, mientras que Rusia desplazó sus fábricas más estratégicas a zonas geográficas fuera del alcance de la aviación alemana. En la Segunda Guerra Mundial, la logística jugó un rol muy importante gestionado excelentemente por las fuerzas aliadas (Christopher, 1998).

En la guerra del Golfo en 1990, Estados Unidos mostró la importancia crucial de la logística moviendo cantidades ingentes de material, armas y tropas desde grandes distancias en breves espacios de tiempo, diseñando pasillos aéreos que mantenían un flujo constante de aprovisionamiento. «Medio millón de tropas y más de medio millón de toneladas de material y suministros fueron transportados por vía aérea 12 000 km de distancia, junto con 2,3 millones de toneladas por mar, todo ello en el transcurso de unos pocos meses» (Christopher, 1998).

El barón Antoine-Henri Jomini vivió por completo la primera revolución industrial, con el desarrollo tecnológico de las industrias textil y metalúrgica, el invento de la máquina de vapor y las factorías gestionadas con criterios de ingeniería industrial enfocados en la estandarización y optimización de procesos. La escala de producción alcanzó volúmenes de capacidad media, teniendo como eje central el Reino Unido, y posterior expansión a la Europa occidental y a Estados Unidos.

Sin embargo, fue con la segunda revolución industrial (1830-1870) cuando los términos «operaciones» y «logística» se expandieron a la mayoría de empresas, configurando estructuras industriales en primer lugar en regiones del Reino Unido y posteriormente en Europa occidental y Estados Unidos. Fueron elementos claves el perfeccionamiento de las máquinas de vapor y la aparición del ferrocarril para establecer redes logísticas que facilitaban el transporte de mercancías y por tanto las transacciones entre empresas.

La tercera revolución industrial (1870-1955) favoreció las transacciones internacionales y la aparición de compañías multinacionales. El desarrollo de la industria química, la aviación, la producción en masa que permitió alcanzar grandes economías de escala y estandarización y la gestión de las operaciones mediante métodos científicos conllevaron la necesidad de una visión amplia de la gestión de las cadenas de suministro, difíciles de planificar y coordinar por la escasez de sistemas de gestión automáticos.

Esta dificultad quedó solventada con la llegada de la electrónica y los ordenadores, que facilitaron tremendamente la gestión de la ingente cantidad de información que se hacía necesario procesar en entornos multinacionales y grandes escalas de producción. Japón se unió a Estados Unidos y Europa occidental como tercer centro mundial económico. Con ello se alcanzaron las cotas más altas en producción masiva y el gran crecimiento de la demanda de consumo posterior a la Segunda Guerra Mundial.

1.2. Estudio académico de la logística moderna

El estudio académico de la logística comienza a principios del siglo xx (Kent y Flint, 1997), tanto la ingeniería industrial como la investigación en operaciones tienen sus orígenes en la logística.

> Fredrick Taylor, autor de *Los Principios del Management Científico* en 1911, considerado el fundador de la Ingeniería Industrial, enfocó sus investigaciones iniciales en la mejora de los procesos de carga. La investigación en operaciones comenzó cuando los científicos demostraron el valor de la analítica en el estudio de los procesos militares en la década de 1940. Mientras que la ingeniería industrial y la investigación de operaciones han tendido a mantener identidades diferentes, la mayoría de sus éxitos se han producido cuando emplearon un marco integrado para aproximarse a la problemática de las cadenas de suministro y de la logística (GTSCLI, s.f.).

La logística ha ido evolucionando desde entonces como concepto según las siguientes definiciones aportadas por Kent, J. L. y Flint, D. J. (1997):

- 1927: Diferenciación de los conceptos relacionados con las operaciones y con el *marketing*. «Existen dos usos de la palabra distribución que deben ser claramente diferenciados: el primero, su utilización para describir la distribución física cómo el transporte y almacenamiento, y el segundo se refiere a la utilización del término distribución como una función del *marketing*».

- 1965: El movimiento de productos *down-stream,* de la fábrica al cliente. «Un término empleado en manufacturación y comercio para describir el amplio rango de actividades relacionadas con el movimiento eficiente de productos acabados, desde el final de la línea de producción al consumidor, y en algunos casos incluye también el movimiento de materias primas desde la fuente de suministro al comienzo de la cadena de producción».

- 1976: La integración de funciones y planificación de la cadena de suministros *end-to-end*. «La integración de dos o más actividades con el propósito de planificar, implementar y controlar eficientemente el flujo de materias primas, inventario en proceso y producto acabado desde el punto de origen hasta el punto de consumo».

- 1985: La aparición de la gestión de los flujos de información además de la gestión de los flujos de productos. «El proceso de planificar, implementar y controlar eficientemente el flujo de materias primas, inventario en proceso, producto acabado y la información relativa desde el punto de origen hasta el punto de consumo con el propósito de satisfacer los requerimientos del consumidor».

- 1992: La aparición del concepto «servicio». «El proceso de planificar, implementar y controlar eficientemente el flujo de productos, servicios y la información relativa desde el punto de origen hasta el punto de consumo con el propósito de satisfacer los requerimientos del consumidor».

La formación académica en logística en Estados Unidos comienza en 1950 con la era del transporte en la que varias universidades ofrecían programas de grado en transporte. No obstante, los conceptos de «distribución física», «suministros físicos» y «SCM» no fueron incluidos entonces. En esta época, el Gobierno federal de los Estados Unidos tomó un rol activo en la regulación del transporte con el edicto *Federal-aid Highway Act* de1956, autorizando el *National System of Interstate and Defense Highways,* que tuvo un antecedente en 1887 con la regulación del transporte por carretera y ferrocarril con la constitución de la Interstate Commerce Commission. En la misma década de los cincuenta aparecieron las primeras publicaciones de negocios: *Traffic World, Transport Topics y Distribution Age,* y el primer libro de texto utilizado en universidades, *Economics of Transportation,* escrito por D. Philip Locklin en 1954 (Southern, 2011).

La investigación en logística ha ido creciendo a través de diferentes etapas. La primera con una tendencia predominante en la década de los sesenta a la gestión de tiempos de transporte conllevó un mayor foco en el almacenaje y manipulado de materiales, de lo que emergieron la distribución física y la fundación The National Council of Physical Distribution Management en 1963 (GTSCLI, s.f.).

La aparición de los ordenadores y la internacionalización del comercio cambió el paradigma tradicional por un auge innovador en la planificación y gestión de la logística. Creció notablemente el interés científico y la formación académica de los profesionales (GTSCLI, s.f.). Con anterioridad, las transacciones y registros debían realizarse de forma manual, y las comunicaciones eras lentas y poco tecnificadas. La computarización permitió una mayor capacidad analítica y una gestión más eficiente de inventarios, así como de la planificación de las rutas de transporte en camión.

En la década de los ochenta, creció exponencialmente el transporte marítimo, facilitado por su economía de costes (GTSCLI, s.f.). Se produjo entonces la consolidación de la logística como elemento funcional de la empresa, con el reconocimiento de las economías potenciales que se generan al integrar la gestión de los distintos componentes logísticos a través de toda la organización (Bowersox, 1987).

Como consecuencia de este cambio sustancial en el enfoque científico y tecnificado de la logística en 1985, The National Council of Physical Distribution Management cambió su nombre por el de Council of Logistics Management (en adelante, CLM). La razón dada para este cambio fue la de «reflejar el desarrollo de una nueva disciplina que incluye la integración de los flujos de envío, recepción e inversos de los productos, servicios y la información relativa» (GTSCLI, s.f.). Hasta entonces el término «logística» se usaba preferentemente en las operaciones militares.

Lalonde (1983) segmentó por primera vez la cadena de sumisito en tres partes fundamentales, con una aproximación al SCM:

> La estructura tradicional en las compañías manufactureras consiste en tener tres segmentos separados a lo largo del flujo de materiales. El primer segmento es el del ciclo de aprovisionamiento desde la fuente de materias primas hasta el lugar de la producción. El segundo segmento se extiende desde el lugar de la producción hasta el final de la línea de producción. El tercer segmento se extiende desde el final de la línea de producción hasta el consumidor del producto final. Tradicionalmente, estos tres segmentos han sido tratados de forma separada tanto en la gestión como en el diseño de su organización [...] La restructuración que están realizando muchas empresas pretende la coordinación de estos tres segmentos del sistema del flujo de materiales.

Stevens (1989), uno de los primeros académicos del SCM, definió el objetivo de la gestión de la cadena de suministros más allá de la logística:

> Es el de sincronizar los requerimientos del consumidor con el flujo de material desde los suministradores para hacer efectivo el equilibrio entre lo que normalmente se aprecia como un conflicto entre los elevados requerimientos del cliente, la minimización de inventario y el bajo coste unitario.

En el gráfico 1 se aprecian los tres segmentos de la logística en una perspectiva de la cadena de suministros gestionando los flujos de materiales y de información, con los componentes de gestión claves: consolidación de suministros, inventario, almacenaje de materiales, producción, almacenaje de distribución y transporte.

Gráfico 1. Aproximación inicial a la cadena de suministros en tres segmentos

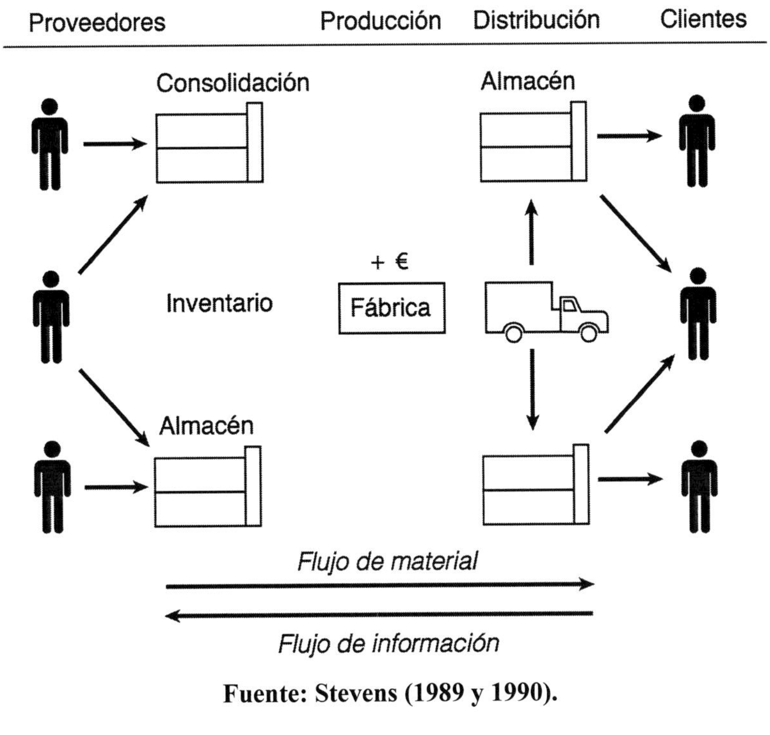

Fuente: Stevens (1989 y 1990).

Para Christopher (1998), la logística se refiere exclusivamente «al proceso de gestionar estratégicamente la recepción, movimiento y almacenamiento de materiales, componentes y productos acabados a través de la organización, —y sus flujos de información— y sus canales de distribución maximizando el beneficio para satisfacer la demanda con la mayor eficiencia de costes».

Frazelle (2002) definió la logística moderna posterior a 1950 de forma simple: «Logística es el flujo de materiales, información, y dinero entre consumidores y suministradores», desarrollando un modelo explicativo de la evolución de la logística en cinco fases, paralela a los avances en la teoría de gestión y los sistemas de información: logística de lugar de trabajo, logística de instalaciones, logística corporativa, logística de la cadena de suministros y logística global, representadas en el gráfico 2.

Gráfico 2. La evolución de la logística

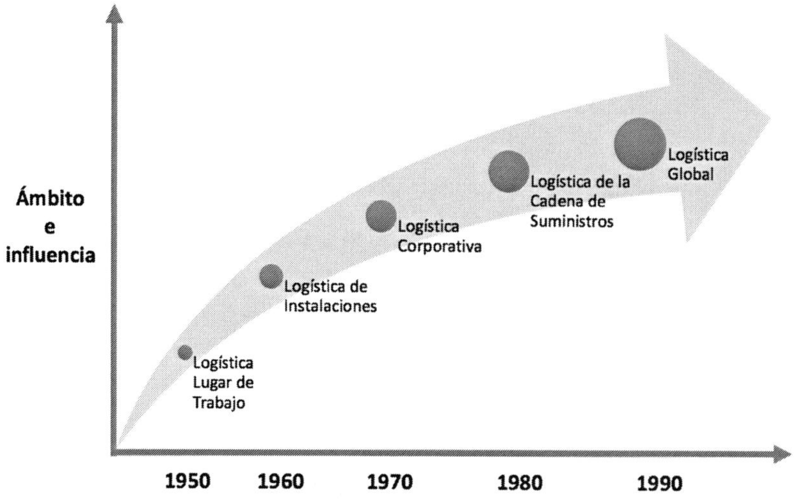

Fuente: Elaboración propia, a partir de Frazelle (2002).

Frazelle (2002) define la logística de lugar de trabajo:

> Es el flujo de material en una sola estación de trabajo. Su objetivo principal es el de optimizar los movimientos entre el trabajador y la máquina o a lo largo de la línea de ensamblaje. Sus principios y teoría fueron establecidos en la década de los años cincuenta por los fundadores de la ingeniería del trabajo en la Segunda Guerra Mundial, y con posterioridad a la Segunda Guerra Mundial con las operaciones en factoría.

Para Frazelle (2002), la logística de instalaciones constituye «el flujo de materiales entre los cuatro muros de la factoría (esto es, inter-estación de trabajo e intra-factoría). Las instalaciones podrían ser una factoría, una terminal, almacén, o centro de distribución. Comúnmente se refiere a la manipulación de materiales». Esta nació en los sesenta como consecuencia de la aparición de las grandes cadenas de producción y las economías de escala que requerían una optimización total de los desplazamientos de materiales dentro de una planta, básicamente de distribución física. Es en esta época cuando se diferencia entre *up-stream* y *down-stream*, según se refiera a la actividad anterior —de aprovisionamiento— o posterior —de distribución— a la fase de producción:

> Las actividades logísticas de manipulación de materiales, almacenaje y tráfico se agruparon en una función conocida como distribución física. Y las referidas a aprovisionamiento, *marketing* y servicio al cliente se denominaron logística de negocio. Hoy en día en bastantes instituciones académicas, la logística continua dividida en estos dos grupos, donde la logística que se enseña en las escuelas de negocios de refiere a la logística de negocio, y en las escuelas de ingeniería como distribución física (Frazelle, 2002).

Frazelle (2002) define a logística corporativa: :

> La logística corporativa nace con el objetivo de desarrollar procesos que permitan rentabilizar las políticas de servicio al cliente, a la vez que se gestiona y se reducen los costes logísticos. Es el flujo de información entre los distintos centros y procesos de una corporación (inter-lugar de trabajo, inter-instalaciones, e intra-corporativo). Para una fábrica es la actividad que ocurre entre factorías y almacenes, para un distribuidor mayorista, la que acontece entre centros de distribución y las tiendas. De hecho, el Council of Logistics Management (CLM) fue llamado National Councils of Physical Distribution Management (NCPDM) hasta 1982.

La logística de la cadena de suministros «es el flujo de materiales, información y dinero entre corporaciones (inter-lugar de trabajo, inter-instalaciones, intra-corporativo e intra-cadenas)» (Frazelle, 2002). En la perspectiva logística, para Frazelle, la cadena de suministros no es una línea, sino una red donde los flujos no vienen dictados por la demanda o los suministradores, y esta complejidad de la gestión de la cadena de suministros no debe simplificarse.

Para Frazelle (2002), la logística global:

> Es el flujo de materiales, información y dinero entre países [...] los flujos logísticos globales se han incrementado dramáticamente durante los últimos años debido a la globalización de la economía global, la expansión de los bloques económicos globales y el acceso a Internet para comprar y vender mercancías. La logística global es mucho más compleja que la doméstica, debido a la multiplicidad de interacciones, jugadores, leguajes, documentos, divisas, zonas horarias, y culturas que son inherentes a los negocios internacionales (Frazelle, 2002).

El CLM actualizó en 1998 la definición de logística:

> La parte de los procesos de la cadena de suministros que planifica, implementa y controla el eficiente y efectivo flujo y almacenamiento de los productos, servicios y relacionada información desde el punto de origen al punto de consumo para satisfacer los requerimientos del consumidor (Frazelle, 2002).

Aparece el concepto de «satisfacción del cliente» como centro de gravedad de la cadena de suministros, y el mayor foco en el carácter táctico de la logística, reservando la parte estratégica para el SCM —como veremos en las páginas siguientes—, como función horizontal que coordina transversalmente las distintas funciones de la empresa relacionadas con la cadena de suministros y una perspectiva a largo plazo.

1.3. La evolución de la logística en el SCM

«El reconocimiento del término *supply chain* (cadena de suministros) comenzó con la globalización de la producción desde 1990» (GTSCLI, s.f.), con la entrada de China en la economía mundial. «Las importaciones anuales en Estados Unidos de productos fabricados en China crecieron desde 45 mil millones de dólares en 1995 a más de 280 mil millones de dólares» (GTSCLI, s.f.). Apareció un mayor foco en generar estrategias logísticas que gestionasen la creciente complejidad de las redes de suministro.

> Ha habido una tendencia creciente a utilizar la denominación *supply chain* asociada a la gestión estratégica y emplear la logística para referirse a los asuntos de carácter táctico y operativo. Esta creciente asociación de *supply chain* con estrategia se refleja en el Council of Logistics Management, que cambió su nombre al de Council of Supply Chain Management Professionals en 2005. Ellos hacen la distinción de que «logística es la parte de los procesos cadena de suministros que planifica, implementa, y controla el eficiente y efectivo flujo y almacenamiento de los productos, servicios y relacionada información desde el punto de origen al punto de consumo para satisfacer los requerimientos del consumidor» mientras que «*supply chain management* es la coordinación sistemática y estratégica de las funciones tradicionales de negocio y sus tácticas a través de la cadena de suministros, con el propósito de mejorar el rendimiento a largo plazo de la compañía y de las cadenas de suministros de las que forma parte en general» (GTSCLI, s.f.).

La evolución funcional de la logística de distribución a la cadena de suministros en las empresas pasa por cuatro etapas de maduración (Stevens, 1998), similares a la evolución del enfoque histórico de la gestión, aportadas por Frazelle (2002), tal como se muestra en el siguiente gráfico 3 y describimos brevemente a continuación.

Gráfico 3. Etapas evolutivas desde la logística a la integración de la cadena de suministros

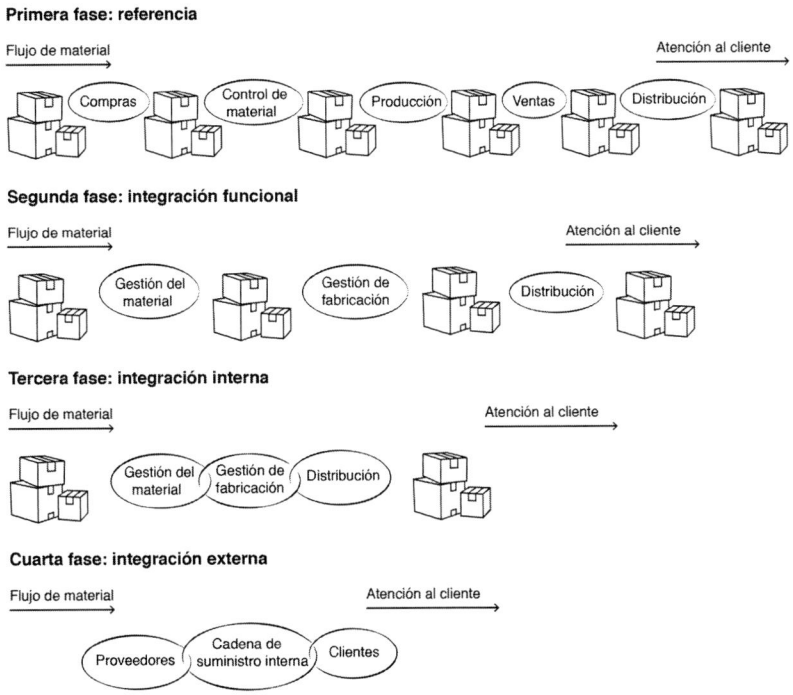

Fuente: Stevens (1989 y 1990).

En la primera etapa, denominada *baseline:* «Las compañías planifican muy a corto plazo, sin colaboración interdepartamental, y existiendo silos con actitudes muy reactivas a compartir información y objetivos comunes. La información no fluye a través de la cadena y la gestión transversal se enfoca en el movimiento de materiales. Los niveles de inventario no están equilibrados y las actividades son asíncronas» (Stevens, 1989).

La segunda etapa, *functional integration:*

> Se caracteriza por un énfasis en la reducción de costes, en lugar de una mejora del rendimiento, las funciones son discretas y cada eslabón de la cadena mantiene su propio inventario intermedio. Comienza a percibirse una gestión de las compras mediante la negociación de descuentos por cantidad, y una leve optimización de inventarios de materiales. En esta etapa, las compañías se centran en la planificación de materiales y

producción *Manufacturing Resources Planning* I y II. Mientras que en la distribución la demanda se trata de forma agregada y la planificación a corto plazo, siguiendo el ciclo de negocio (Stevens, 1989).

La tercera etapa, *internal integration*:

> Se caracteriza por la implantación de sistemas que ofrecen visibilidad desde la distribución al aprovisionamiento. La planificación se realiza a medio plazo, aunque el foco se centra en actividades tácticas en vez de estratégicas. Un énfasis en eficiencia en lugar de efectividad —asegurándose que todas las cosas se hacen bien, en lugar de que se haga primero las cosas realmente necesarias—. Uso intensivo de los datos electrónicos para apoyar la conexión con el soporte a cliente y facilitar una respuesta rápida, reaccionando a la demanda del consumidor, en vez de gestionar las relaciones con el cliente (Stevens, 1989).

En la cuarta etapa, *external integration:*

> La empresa va más allá de sus límites para aumentar la escala de gestión ampliando el foco de integración con suministradores y clientes. Deja de estar orientada al producto, centrándose en el cliente, penetrando profundamente en la organización del cliente para entender los productos que compra, su cultura y organización. Esta etapa debe asegurar que la compañía esté sintonizada con las necesidades del cliente y sus requerimientos. La integración hacia atrás que se realiza estrechando las relaciones con los suministradores, representa mucho más que un simple cambio en la forma de hacer; representa un cambio de actitud, lejos del comportamiento entre adversarios y la gestión de conflictos de interés. La cooperación comienza en los estados iniciales del desarrollo de producto y se acompasa con una gestión completa a todos los niveles, el suministro de productos y componentes de alta calidad enviando directamente a la línea a tiempo; compartiendo productos, procesos, especificaciones, intercambiando información, tecnologías y apoyándose mutuamente en el diseño, y sobre todo estableciendo una relación a largo plazo, que usualmente significa la eliminación del suministro múltiple (Stevens, 1989).

1.4. SCM vs. logística

La evolución de la logística al SCM no ha estado exenta de un debate académico, que todavía perdura en algunas instituciones tradicionales, debido a la definición poco clara del marco conceptual y los límites del SCM en la organización —debido a su transversalidad—, y la dificultad de diseñar programas formativos y de investigación académicos sin solapar otros campos como logística, *marketing,* operaciones y compras (Larson y Halldorsson, 2004). Larson y Halldorsson (2002) citan a Lalonde que preguntaba en 1997: «¿Existe realmente el SCM?». Y a Burgess, en 1998, advertía que: «El SCM podría ser tan solo otra moda» o para New en 1997: «Un área limitada al gremio de especialistas expertos» sin ninguna vinculación con el mundo real. Se unieron a la hora de subrayar la confusión de entonces, citando a Skjoett-Larsen (1999) —«el concepto no está bien definido»— y Cooper *et al.* (1997) que afirmaban: «Se necesita una investigación para definir y expandir los límites del SCM».

En 1997 eran muy frecuentes las ocasiones en las que se mencionaba el SCM como sinónimo de «logística» en estudios y seminarios. En el campo académico los investigadores toman una posición observadora de los procesos de negocios y de cómo evolucionaban en la práctica, en lugar de liderar las prácticas sugiriendo nuevas metodologías. Los consultores propusieron el término SCM, las asociaciones profesionales lo definieron y los educadores propusieron las estructuras y la teoría para ejecutar el SCM (Cooper *et al.,* 1997).

Larson y Halldorsson (2004) han clasificado las diferentes perspectivas encontradas en cuatro: *Traditionalist, Re-labeling, Unionist* e *Intersectionist* (gráfico 4).

Gráfico 4. Diferentes perspectivas del SCM vs. logística

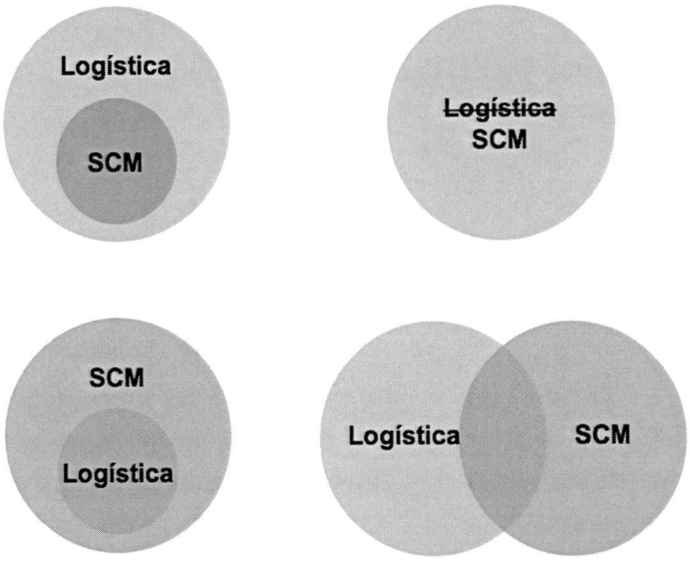

Fuente: Elaboración propia, a partir de Larson y Halldorsson (2004).

1. *Traditionalist*: Representada por la postura antievolucionista, que considera que el SCM es tan solo una parte de la logística. En una encuesta realizada por la revista *Inbound Logistics* a profesionales lectores en las distintas áreas relacionadas con la logística, se llegó a la conclusión de que muchos de estos profesionales relacionan el SCM con alguna de las funciones tradicionales de la logística (Marien, 2003).

2. *Re-labeling*: Esta perspectiva no aprecia diferencias fundamentales entre ambos términos y se limita a denominar la logística como SCM, bajo el concepto de que es una logística integrada. Para algunos profesionales de la logística «es la misma cosa con distinto nombre» (Marien, 2003).

3. *Unionist*: Esta perspectiva incluye la logística como una de las partes del SCM; «SCM es más que logística» (Giunipero y Brand, 1996). En la perspectiva más extrema e integradora le asigna a la logística las funciones de gestión de inventarios, almacenaje, empaquetado, distribución, transporte, servicio al cliente, compras, planificación de la producción y previsión de la demanda (Konezny y Beskow, 1999). El resto de áreas del SCM serían: planificación estratégica, tecnologías de la información, *marketing* y ventas. Para Stock y Lambert (2001) el SCM comprende ocho funciones claves: (1) gestión de la relación con el cliente, (2) gestión del servicio al cliente, (3) gestión de la demanda, (4) asignación de pedidos, (5) gestión del flujo de producción, (6) aprovisionamiento, (7) desarrollo de producto y comercialización y (8) devoluciones. Las empresas que optan por esta perspectiva elevan la responsabilidad ejecutiva a la categoría de miembro del consejo de administración, director o vicepresidente (Larson y Halldorsson, 2004).

4. *Intersectionist*: «SCM no es un subconjunto de la logística, sino una estrategia amplia que se desarrolla a través de los procesos de negocio, tanto en la empresa como en los canales» (Giunipero y Brand, 1996). Según Larson y Halldorsson (2004) este concepto de intersección sugiere que el SCM no es la unión de logística, *marketing*, operaciones y compras y otras áreas funcionales. Pero incorpora las estrategias e integra los elementos de esas áreas. El responsable de SCM estaría involucrado a nivel estratégico en esas funciones, pero no las ejecutaría, dejando la responsabilidad táctica y la operativa a

cada área. Por ejemplo: «En el área de aprovisionamiento, el responsable de SCM estaría involucrado en las negociaciones a largo plazo con proveedores, mientras que transmitir una orden de compra es una función táctica» (Larson y Halldorsson, 2004) que reposaría en el área funcional de compras.

2. Marco conceptual integrado del SCM

Según Cooper, Lambert y Pagh (1997) el marco conceptual del SCM está constituido por tres elementos principales (gráfico 5).

- Procesos de negocio: son las actividades que producen *outputs* específicos de valor para el cliente y que deben estar unidas entre ellas en la gestión de la cadena de suministros.

- Componentes de gestión: son los componentes en que los negocios están estructurados y el nivel de integración de su gestión en la cadena de suministros de la compañía.

- Estructura de la cadena de suministros: es la configuración de los miembros que pertenecen a la cadena de suministros.

Gráfico 5. Marco conceptual SCM

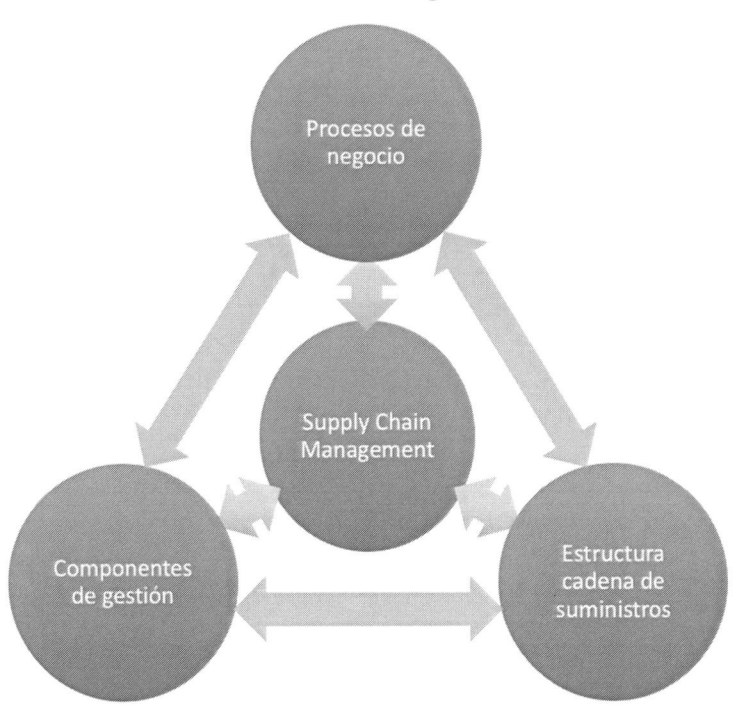

Fuente: Elaboración propia, a partir de Cooper, Lambert y Pagh (1997).

Cooper, Lambert y Pagh (1997) afirmaban que con este marco conceptual del SCM se cubría la diferencia existente entre las perspectivas de los líderes ejecutivos en la implementación del SCM y los académicos. En una revisión de la literatura de aquella época a través de las publicaciones de trece autores, identificaron ocho componentes claves de gestión en el SCM, comprendidos en dos áreas:

1. Componentes de la gestión física y técnica:

    a. Planificación y control.

    b. Estructura de los flujos de trabajo y actividad.

    c. Estructura de la organización.

    d. Estructura del flujo de producto en las instalaciones.

    e. Estructura del flujo de comunicación e información (TIC) en las instalaciones.

    f. Estructura del producto.

2. Componentes de la gestión y comportamiento:

    a. Métodos de gestión.

    b. Estructura de liderazgo y poder.

    c. Estructura del riesgo y remuneración.

    d. Cultura y actitud.

Clasificando los componentes claves de la gestión del SCM en dos perspectivas principales (tabla 1):

1. Perspectiva de la gestión integrada de la cadena de suministros (*supply chain management perspective*).

2. Perspectiva de la reingeniería de procesos de negocio (*business process reengineering perspective*).

Tabla 1. Las dos perspectivas claves y componentes del SCM

Perspectiva del *Supply Chain Management*	Perspectiva de la reingeniería de procesos de negocio
Houlihan (1985): • Estructura de planificación y control • Estructura del flujo de productos en las instalaciones • Flujo de la información (IT) • Valores y actitudes • Cultura organizacional • Métodos de gestión	Hammer & Champy (1993): • Estructura de procesos de trabajo • Estructura de organización del trabajo • Valores y actitudes • Métodos de gestión y evaluación
Stevens (1989): • Estructura de procesos de trabajo • Estructura de planificación y control • Estructura del flujo de productos en las instalaciones • Flujo de la información (IT) • Estructura organizacional • Métodos de gestión • Estructura de poder y liderazgo	Andrews y Stalick (1993): • Estructura de procesos de trabajo • Estructura organizacional • Estructura de la tecnología • Estructura de recompensa • Estructura de medidas • Métodos de gestión • Cultura organizacional • Poder político • Sistema de creencias individuales
Cooper y Ellram (1990 y 1993): • Estructura de procesos de trabajo • Estructura de planificación y control • Estructura del flujo de productos en las instalaciones • Flujo de la información (IT) • Estructura de riesgo y recompensa • Estructura de liderazgo • Filosofías corporativas	Hewitt (1994): • Estructura de procesos de trabajo • Flujo de la información (IT) • Autoría decisional
	Modelo MIT de Towers (1994): • Estructura de procesos de trabajo • Estructura organizacional y de habilidades • Estructura de la tecnología • Valores y comportamiento • Filosofías de gestión y estructura decisional

Fuente: Cooper, Lambert y Pagh (1997).

Estos estudios de Cooper, Lambert y Pagh (1997) sirvieron para proponer el primer marco estratégico del SCM que categorizaba los componentes claves anteriormente mencionados en las funciones que debían ser integradas en la gestión y en los flujos de información: «Para conseguir el objetivo de un SCM, la mayoría, si no todas, las funciones y procesos de negocio deben ser integrados» (Cooper, Lambert y Pagh, 1997). Y el marco estratégico que detallaremos más delante de la gestión integrada de la cadena de suministros, en la comparativa de marcos estratégicos del SCM (Lambert, Cooper y Pagh, 1998).

Para Mentzer *et al.* (2001), el SCM como filosofía de gestión contiene tres características principales:

1. «Una aproximación al sistema compuesto por la cadena de suministros en su totalidad, la gestión de los flujos de productos y materiales en inventario, desde los suministradores al cliente final».

2. «Una orientación estratégica hacia los esfuerzos colaborativos para sincronizar y cubrir las competencias operacionales estratégicas intra-empresa e inter-empresas unificado en su totalidad».

3. «Un enfoque al cliente para crear valor único y recursos individualizados de valor para el cliente, dirigidos a la satisfacción del cliente».

Esta filosofía de gestión conlleva el establecimiento de una serie de actividades conforme a un comportamiento corporativo común dentro de la propia filosofía (Mentzer *et al.*, 2001). Estas actividades necesarias e imprescindibles que constituyen la gestión de la cadena de suministros son, según Mentzer *et al.* (2001):

1. Comportamiento integrado.

2. Compartir información mutuamente.

3. Compartir riesgos y recompensas mutuamente.

4. Cooperación.

5. Tener el mismo objetivo y el mismo enfoque para servir a los clientes.

6. Integración de procesos.

7. Socios que construyan y mantengan relaciones a largo plazo.

2.1. Grados de complejidad de la cadena de suministros

Mentzer *et al.* (2001) identifican tres grados de complejidad relacional según la extensión de las relaciones de los miembros que configuran la cadena de suministros, de menor a mayor complejidad: (1) *Direct supply chain,* (2) *Extended supply chain* y (3) *Ultimate supply chain.*

Tal como se muestra en el gráfico 6, la *direct supply chain* (cadena de suministros directa) representa una estructura horizontal corta con un único eslabón entre la organización y el suministrador, y otro con el cliente. La *extended supply chain* (cadena de suministros extendida) contempla una mayor longitud horizontal de la cadena de suministros, incorporando mayor número de eslabones. Y la *ultimate supply chain* añade una nueva dimensión vertical, que incorpora miembros especialistas en flujos de información, materiales o productos e información.

Gráfico 6. Grados de complejidad y tipos de cadenas de suministro

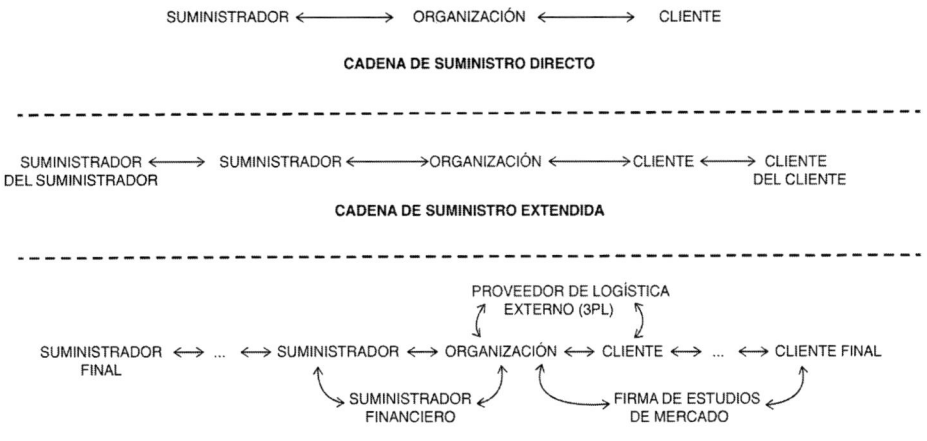

Fuente: Elaboración propia, a partir de Mentzer *et al.* (2001).

Lambert, Cooper y Pagh (1998) definieron tres dimensiones de la cadena de suministros en función de los flujos de materiales o producto; el gráfico 7 muestra las dimensiones de la estructura de la cadena de suministro, desde los suministradores iniciales a los clientes y consumidores finales; mostrando, además, los distintos grados de complejidad en la gestión de toda una red compuesta por múltiples ramificaciones. Esta red se divide en tres dimensiones estructurales: (1) una estructura horizontal referida a la cantidad de *tiers* o eslabones en la cadena de suministros, mostrando la longitud de la cadena —una cadena con múltiples eslabones se considera larga y con pocos eslabones se denomina corta—; (2) una estructura vertical que contempla el número de suministradores o clientes representados en cada *tier*, que significa la amplitud de la red —una compañía con pocos suministradores tiene una estructura vertical estrecha, mientras que si son numerosos se considera ancha—; (3) la tercera estructura viene dada por la posición de la compañía en la estructura horizontal, en cuanto a su proximidad con los proveedores, cercanía con los clientes o una distancia equilibrada entre suministradores y clientes (Lambert, Cooper y Pagh, 1998).

Gráfico 7. Estructura tridimensional de la red de la cadena de suministros

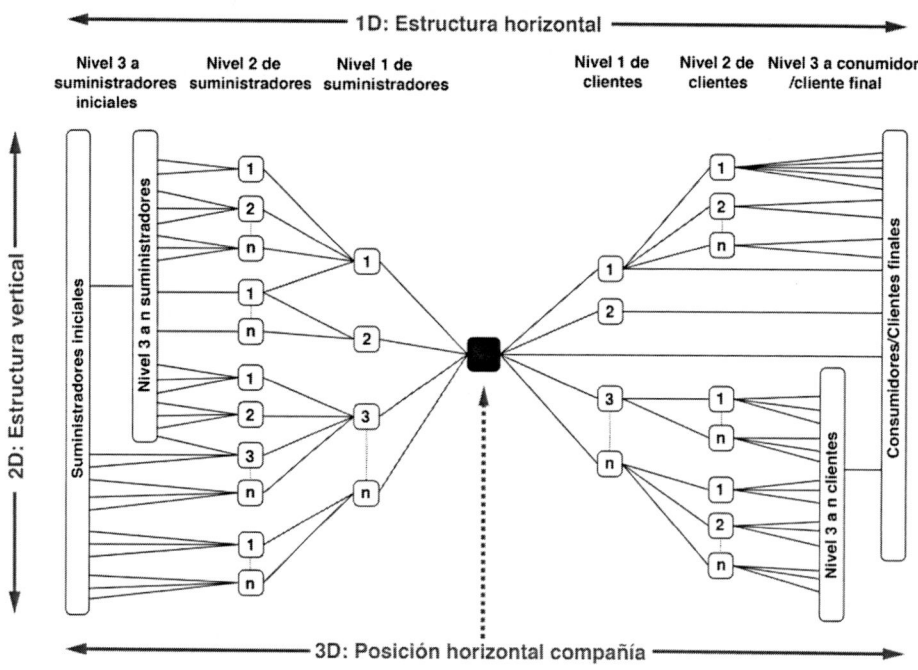

Fuente: Elaboración propia, a partir de Lambert, Cooper y Pagh (1998).

Los ejecutivos de las empresas entienden mejor el enfoque hacia el cliente final y las relaciones con los clientes finales debido al poder de decisión del consumidor y la influencia de la competencia. Por ello, tienden a centrarse en el área de la cadena de suministros de los clientes; comprendida entre los *tier* 1 a 3 (Lambert, Cooper y Pagh, 1998). Intel —fabricante de procesadores (CPU)—, por ejemplo, ha creado una sólida relación con sus clientes, los fabricantes de ordenadores, mediante la etiqueta «Intel Inside» que estos ponen en el producto acabado que el consumidor compre (Lamber, 2003). Esto vincula a los fabricantes de ordenadores con Intel y afecta a su capacidad de cambiar a otro suministrador de procesadores, ya que perderían la posibilidad de etiquetar sus productos con el «Intel Inside» que el consumidor asume como una garantía de calidad, fiabilidad y potencia de procesado de datos. Sin embargo, hay una gran carencia en la literatura sobre el estudio del *marketing* y la gestión integrada de sus canales de suministros. Gran parte de las publicaciones sobre SCM asumen que se sabe quiénes son los miembros funcionales de la cadena de suministros, pero la literatura que se refiere a cómo estas funciones de negocio deben operar exitosamente y coordinarse transversalmente es escasa.

Los ejecutivos tienden a un menor foco en el área de los suministradores, existiendo un vacío considerable en la gestión de esta parte de la cadena de suministros. Por lo tanto, la gestión de la cadena completa de suministros resulta muy difícil por su estructura y falta de foco de los ejecutivos, representando un reto elevado (Lambert, Cooper y Pagh, 1998).

3. Visión estratégica del SCM

En la pasada década, como consecuencia de la globalización económica y su conjunto de transformaciones que impulsan la globalización de los mercados mundiales, una gran variedad de industrias optaron por desarrollar planes estratégicos de expansión geográfica y externalización de procesos configurando sus propios ecosistemas de negocios. Esto otorgaba al área del SCM y a sus ejecutivos un papel claves en el crecimiento y sostenibilidad de las compañías para gestionar la creciente complejidad de los contextos en los que operan como una ventaja competitiva (Lai *et al.,* 2002). Si bien la competencia convencional está ampliamente tratada dentro de la literatura de gestión, la principal diferencia entre esta forma de competencia y la de la cadena de suministros reside en el hecho de que las empresas no pueden actuar aisladas de sus cadenas de suministros formadas a su vez por otras organizaciones. Contribuyen, además de esta forma, con dos ventajas competitivas fundamentales: coste y valor (Christopher, 2011).

El concepto de ventaja competitiva es una noción bien conocida cuya esencia ha sido mal entendida, especialmente con respecto a las cadenas de suministro y su gestión (Ma, 2000). Las conceptualizaciones de la ventaja competitiva a través de diferentes corrientes de la literatura se pueden resumir en tres enfoques básicos (Antai, 2011; Porter, 1985; Mentzer 2004 y Grant, 2012):

1. Promovido por la teoría de la eficiencia por los recursos, como la premisa dentro de la cual las organizaciones pueden lograr una ventaja competitiva.

2. Introduce la idea de que la creación de valor, que sobrepasa la creada por los rivales y proporciona un medio para lograr una ventaja competitiva.

3. Se basa en la rentabilidad, lo que implica que si una empresa sigue siendo rentable para cualquier periodo de tiempo, es que está haciendo algo mejor que sus competidores.

Las empresas comenzaron a implantar el SCM con el fin de aumentar la eficacia de la organización, conseguir sus objetivos, una mejor utilización de los recursos e incrementar su beneficio (Lee, 2000). Porter (1985, 2009*a*) identificó el valor al cliente y el coste al cliente como elementos críticos para ganar una ventaja competitiva en la empresa. La gestión de estos elementos estratégicos es un elemento fundamental en el SCM, que enfatiza la importancia de entregar los productos y servicios a los clientes según la promesa de venta, en el tiempo correcto, con las condiciones correctas, en las cantidades correctas y con el menor coste posible (Lai *et al.,* 2002). En aquellas organizaciones donde el SCM es parte de la estrategia general de negocio, y por lo tanto incluye el nivel del consejo de administración, las economías en los costes generales relacionados con el cliente fueron cercanas al doble (8,0 % vs. 4,4 %) respecto a aquellas compañías en las que la responsabilidad del SCM residía en niveles más bajos de la organización con una visión meramente operacional (Heckmann *et al.,* 2003).

Uno de los primeros enfoques estratégicos del SCM y sus beneficios para la empresa fue aportado por Stevens (1990):

> Las compañías que consideran la cadena de suministros en sus debates estratégicos, gestionándola como una sola entidad y asegurándose de la apropiada utilización de las herramientas y técnicas para alcanzar las necesidades del mercado, obtendrán beneficios reales resultantes del doble impacto de incrementar su participación de mercado con una menor utilización de activos.

Las estrategias de SCM son el pivote del éxito en la mayoría de las compañías contemporáneas, incluidas las que no tienen ánimo de lucro (Hines, 2013).

No se puede afirmar que exista una única definición académica de SCM, Stock y Boyer (2009) recopilaron y revisaron 173 definiciones extraídas de un total de 2892 artículos publicados entre 1994 y 2008, la variedad de autores y conceptualizaciones de cómo debe ser definido el SCM, significan una carencia en la comprensión de lo que es el SCM y argumenta que provoca un negativo impacto tanto entre investigadores como profesionales.

> La falta de una definición amplia y entendible del SMC es crítica por varias razones importantes. Sin una definición inclusiva o comprensiva, será difícil para los investigadores desarrollar la teoría de la cadena de suministros, definir y comprobar las relaciones entre los componentes del SCM y desarrollar una corriente consistente de investigación que construya sobre lo que se ha hecho anteriormente (al menos de forma comprensiva). Sin la adopción de una definición uniforme aceptada por los investigadores, la confusión seguirá obstaculizando el estudio y el desarrollo de SCM; la investigación se extenderá en varias direcciones, en vez de construirse sobre sí mismo (es decir, la creación de sinergia en la investigación). Para los profesionales, la ausencia de una defi-

nición amplia SCM hace que sea más difícil para los ejecutivos de la cadena de suministros poder reclamar la autoridad y responsabilidad de la «adecuada» combinación de funciones y procesos. También hace que sea más difícil hacer comparaciones entre empresas e industrias de las métricas de la cadena de suministros, las responsabilidades del trabajo y otras cuestiones relacionadas con los recursos humanos, debido a las diferencias que existen de una compañía a otra (Stock y Boyer, 2009).

Como resultado del análisis cualitativo de las 173 definiciones, Stock y Boyer (2009) identificaron en general tres grandes temas y seis subtemas:

1. Actividades:

   a. Flujos de materiales/físicos, servicios, financieros e información.

   b. Redes de relaciones (internas y externas).

2. Beneficios:

   a. Creación de valor añadido.

   b. Generación de eficiencias.

   c. Satisfacción del cliente.

3. Componentes o constituyentes:

   a. Componentes o constituyentes.

Históricamente, las primeras definiciones incluían unos dos temas o subtemas de los seis posibles y se referían a los flujos de materiales, incluyendo posteriormente los flujos de servicios, financieros y de información. Con el desarrollo del SCM comenzaron a incluirse, en algo menos de la mitad de los publicaciones, los beneficios: creación de valor añadido (47 %), creación de eficiencias (35 %) y satisfacción del cliente. Y en una etapa más actual se han ido incorporado los temas relacionas con los componentes y constituyentes, en más de las tres cuartas partes de las publicaciones (Stock y Boyer, 2009).

En el gráfico 8 se muestra el creciente interés en el estudio del SCM tanto en el número de revistas que incluyen artículos explícitamente relacionados como en la cantidad de artículos al respecto, según la recopilación realizada por Stock y Boyer (2009), que cubre el periodo de 1994 a 2008.

Gráfico 8. Evolución de revistas y artículos sobre SCM (1994-2008) según Stock y Boye (2009)

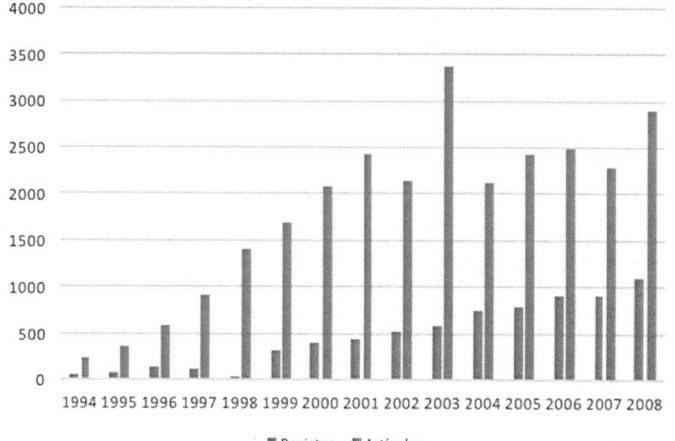

Fuente: Elaboración propia, a partir de Stock y Boyer (2009).

La evolución de la logística al SCM se materializó en la integración completa de la gestión de las cadenas de suministro, comprendiendo que su gestión requiere de tres perspectivas: estratégica, táctica y operacional (Stevens, 1989) según muestra la pirámide jerárquica del gráfico 9, que conlleva la utilización de una gran parte de los activos y recursos de la empresa: instalaciones, empleados, finanzas y sistemas orquestados como una única entidad funcional superior.

Gráfico 9. Enfoque estratégico de la gestión integrada en el SCM

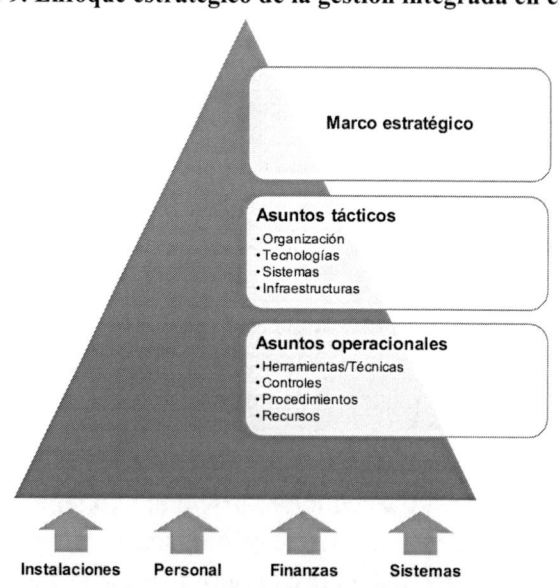

Fuente: Elaboración propia, a partir de Stevens (1989).

Tanto ejecutivos y consultores como académicos llegaron desde distintos puntos a la conclusión de que en el nuevo paradigma de la globalización las empresas no podían competir permaneciendo aisladas de sus suministradores y otras entidades que contribuyen a sus cadenas de valor y suministro.

Greg Kefer y otros (Knowledge@Wharton, 2011) afirman que la recesión mundial ha contribuido a elevar el perfil de los ejecutivos de la cadena de suministros en empresas líderes mundiales:

> Los ejecutivos de las cadenas de suministro están saliendo del sótano y ya no están presionando el botón «abajo» en el ascensor, ahora están presionando el botón «arriba» en la sala de juntas del consejo de administración […]. Muchas empresas han creado puestos de responsabilidad en la cadena de suministros que están a la altura de la COO, CFO y CEO. Se están dando cuenta de que una amplia visión estratégica debe ser aplicada a la forma de ejecutar sus operaciones, y que en el pasado han pagado un alto precio por no mirar a esta función estratégica.

El término *supply chain management* fue introducido en 1982 en un artículo del *Financial Times* por Keith Oliver, y su definición se adoptó rápidamente:

> La gestión de la cadena de suministros es el proceso de planificación, ejecución y control de todas las operaciones/funciones de la cadena de suministros con el fin de satisfacer las necesidades del cliente lo más eficientemente posible. La gestión de la cadena de suministros abarca todo el movimiento y almacenamiento de materias primas, inventario de trabajo en proceso y productos terminados desde el punto de origen al punto de consumo (Supply Chain Recruit, s. f.).

Desde entonces, casi todos los autores que han publicado escritos sobre *SCM* han desarrollado sus propias definiciones con variaciones sutiles o algo más de detalle, aunque la más comúnmente utilizada en la actualidad es la definida por el Council of Supply Chain Management Professionals, asociación fundada en 1963 y líder mundial con más de nueve mil profesionales y académicos asociados:

> La gestión de la cadena de suministros abarca todas las actividades de la gestión de la logística, de la planificación y gestión de todas las actividades involucradas en la búsqueda, adquisición y transformación de materias primas y componentes, producción y logística. Es importante destacar que también incluye la coordinación y la colaboración con todos los socios de la cadena, que pueden ser proveedores, intermediarios, proveedores de servicios externos y clientes. En esencia, la gestión

de la cadena de suministros integra la oferta y la gestión de la demanda dentro y fuera de las empresas (CSCMP, s.f.).

Christopher (1998) aportó su propia definición relacional del SCM, vinculándola a la perspectiva de la cadena de valor definida como ventaja competitiva por Porter (1985, 2009a):

> La cadena de suministros es la red de organizaciones que están involucradas, a través de las uniones del *up-stream* y *down-stream,* en los diferentes procesos y actividades que producen valor en la formación de productos y servicios hasta llegar a las manos del consumidor final.

Según la definición de Stock y Lambert (2001): «SCM es la integración de los procesos clavess de negocio desde el usuario final hasta los proveedores en origen que proveen productos, servicio e información que añade valor para los clientes y *stakeholders*». Mentzer *et al.* (2001), por su parte, aportaron tras diversas publicaciones, su propia definición sintetizada del SCM:

> La coordinación sistemática estratégica de las tradicionales funciones de negocio en una particular compañía y a través de los negocios en su cadena de suministros, con el propósito de mejorar el rendimiento a largo plazo de las compañías individualmente y la cadena de suministros en su total.

Lambert (2008) amplía esta definición de la gestión de la cadena de suministros vinculándola a la cadena de valor: «La integración de los procesos de negocio claves en toda la cadena de suministros con el fin de crear valor para los clientes y las partes interesadas —*stakeholders*—».

Mentzer *et al.* (2001) abordaron la confusión existente en la literatura académica y profesional a la hora de dar una dedición consensuada para el SCM, llegando a cuestionar si la definición mayoritariamente aceptada del CSCMP podía considerarse suficiente. A lo que Stock y Boyer (2009) contestaron con su estudio realizado sobre las de 173 diferentes definiciones mencionadas y su propuesta para una nueva definición que pretende aglutinar todas las anteriores y que tomamos como referencia para la presente memoria:

> La gestión de una red de relaciones entre la firma y entre las organizaciones interdependientes y unidades de negocio consistentes en suministradores de materiales, compras, instalaciones productivas, logística, *marketing* y los sistemas relacionados que facilitan los flujos bidireccionales de materiales, servicios, financieros e información, desde la producción original al cliente final con los beneficios de añadir valor,

maximizar beneficio a través de eficiencias, y consiguiendo la satisfacción del consumidor.

Las implicaciones funcionales de los procesos de negocio sirvieron a Lambert (2008) para vincular funciones de negocio, desde los suministradores a los clientes, revisando los procesos y funciones de negocio (tabla 2) con una orientación «relacional» de estos con los clientes y suministradores: «El patrocinio y propiedad de los procesos deben ser establecidos para conducir los logros y objetivos de la visión de la cadena de suministros, eliminando las barreras funcionales que separan artificialmente los flujos de los procesos» (Lambert, 2008). Bajo esta perspectiva, el marco conceptual integrado de la gestión de la cadena de suministros, la logística es una más de las funciones integradas bajo el paraguas del SCM, junto con el resto de áreas funcionales de la empresa que comparten procesos de negocio en la cadena de suministros.

Tabla 2. Procesos e implicaciones en el SCM

Procesos negocio	Funciones negocio						
	Marketing	Ventas	I+D	Logística	Producción	Compras	Finanzas
Gestión relación clientes	Plan *marketing* y recursos	Gestión de cuentas	Capacidades tecnológicas	Capacidades logísticas	Capacidad fabricación	Capacidad fuentes	Beneficio por cliente
Gestión relación proveedores	Capacidad posicionamiento competitivo	Oportunidades de crecimiento	Especificaciones materiales	Flujo de entrada materiales	Planificación integrada	Capacidad suministradores	Coste total de entrega
Gestión servicio cliente	Priorización clientes	Conocimiento de las operaciones del cliente	Servicio técnico	Alineación actividades logísticas	Ejecución condicionada	Evaluación prioridades	*Cost-to-serve* (coste por servicio)
Gestión demanda	Programa de competición en lugar de venta	Programa de competición en lugar de venta	Requerimiento procesos	Previsiones	Capacidad fabricación	Capacidad fuentes	Análisis *trade-off* (compensaciones)
Asignación pedidos	Rol de la logística en el *marketing-mix*	Conocimiento del cliente y requerimientos	Requerimientos ambientales	Diseño de la red	*Made-to-order* (fabricación por pedido)	Restricciones materiales	Coste distribución
Gestión flujos producción	Oportunidades diferenciación	Conocimiento del cliente y requerimientos	Diseño para producción	Criterios priorización	Planificación producción	Integración suministros	Coste producción
Desarrollo producto y comercialización	Brechas de producto/servicio en mercado	Oportunidades clientes	Diseño producto	Requerimientos logística	Especificaciones procesos	Especificaciones materiales	Coste I+D
Gestión devoluciones	Conocimiento *marketing*	Conocimiento del cliente	Diseño producto	Capacidad logística inversa	Re-fabricación	Especificaciones materiales	Ventas y costes
Estructura de información, estrategia de bases de datos, visibilidad de la información							

Nota: Al margen izquierdo de la tabla: Suministradores. Al margen derecho: Clientes.

Fuente: Lambert (2008).

Una gestión estratégica y eficiente de la cadena de suministros requiere un cambio importante hacia la integración de la gestión de las funciones. Estas deben dejar de ser gestionadas exclusivamente con objetivos individuales (Lambert, 2003), rompiendo los silos existentes. Deben dejar de competir internamente entre ellas para colaborar compartiendo objetivos y planes comunes. Esta integración que pretende la optimización total de los flujos de producto no puede conseguirse sin implementar procesos integrados específicamente orientados al negocio (Lambert, Cooper y Pagh, 1998) y no solo a la función. Integrar y gestionar de forma estandarizada y general todas las uniones de procesos —eslabones de la cadena de suministros— no es lo más apropiado (Lambert, 2003). Los elementos claves para una integración son situacionales y diferentes para cada proceso y unión, por lo que pueden variar de proceso en proceso y de eslabón en eslabón de la cadena. Unos eslabones son más críticos que otros. En el gráfico 10, podemos apreciar cuatro tipos de uniones de procesos inter-compañía, desde la perspectiva del Global Supply Chain Forum. De acuerdo a sus investigaciones, existen cuatro tipos fundamentales de procesos entre los miembros de la cadena de suministros, que se muestran en el gráfico 10 (Lambert, Cooper y Pagh, 1998):

1. Uniones de procesos gestionados directamente: son los más críticos e importantes para la compañía. Representan las uniones con los primeros eslabones de los suministradores y clientes *tier* 1.

2. Uniones de procesos monitorizados: no son tan críticos como los anteriores, pero mantienen una relevancia estratégica en la consecución de objetivos, por lo que deben ser integrados en estrecha colaboración con los miembros de los elementos externos de la cadena de suministros y alineando objetivos. Deben establecerse sistemas de control intensivo y de auditoria que comprueben cómo los procesos integrados en colaboración están funcionando.

3. Uniones de procesos no gestionados: no están gestionados directamente por la compañía, por lo que su importancia no es tan grande como los anteriores, pero deben ser monitorizados y auditados para asegurarse de que los elementos externos gestionan los procesos adecuadamente y están alineados con los objetivos de la estrategia de la compañía.

4. Uniones de procesos no miembros: las decisiones tomadas por elementos de la cadena de suministros, aunque no estén directamente vinculadas con la estrategia, pueden influir en los resultados finales obtenidos por la compañía de forma indirecta. Están relacionados de alguna forma con miembros claves externos a la compañía en la cadena de suministros, y por lo tanto afectan al rendimiento de estos.

Gráfico 10. Integración de la gestión de procesos intercompañía en el SCM

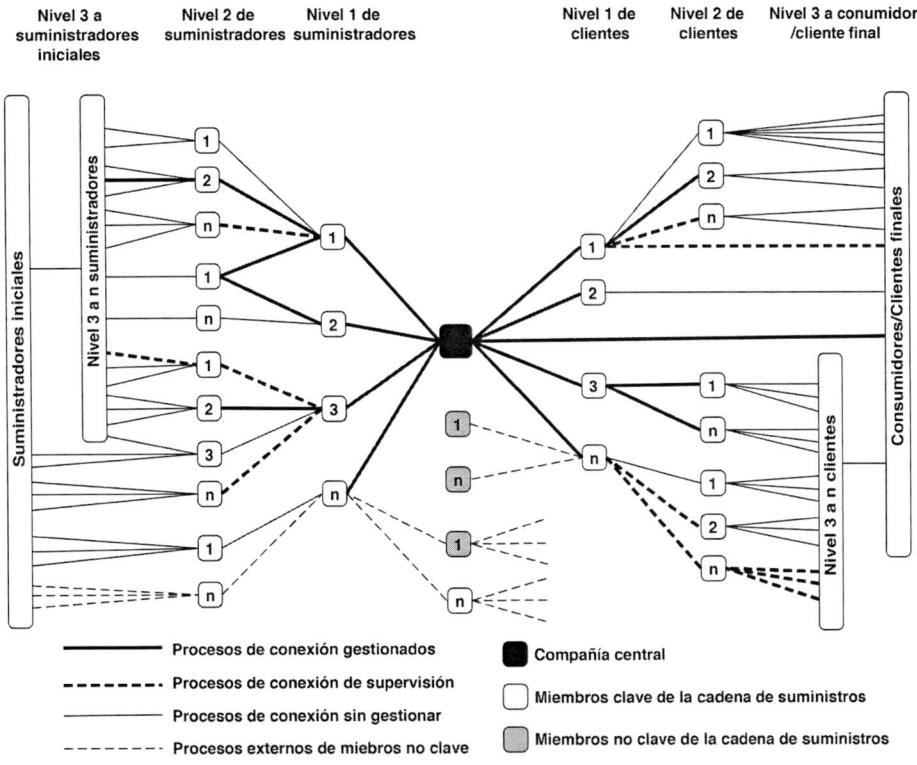

Fuente: Lambert, Cooper y Pagh (1998).

Blanchard (2010) definió la cadena de suministros: «La secuencia de eventos que cubren el ciclo de vida entero de un producto o servicio desde que es concebido hasta que es consumido», ampliando aún más el campo de acción del SCM en futuras nuevas definiciones.

3.1. Clasificación de los flujos en la cadena de suministros

La necesidad de controlar los flujos de suministro desde los proveedores hasta el consumidor es inherente a todo tipo de empresas industriales, independientemente de su tamaño o tipo de procesos de producción (Stevens, 2009). La gestión de la cadena de suministros implica una planificación y un control exhaustivos de los distintos flujos de material, información y finanzas en la red constituida por suministradores, fabricantes, distribuidores y consumidores (Raz, 2008). Estos diferentes flujos que concurren en la cadena de suministros se pueden clasificar inicialmente por la dirección en que se mueven los mismos. El flujo que va desde los suministradores a los consumidores se denomina *down-stream flow,* ante la analogía de una cascada de agua que cae.

Los flujos reversos, aquellos que provienen del consumidor hacia arriba se denominan *up-stream flow* (Lee, 2000).

En la tabla 3 se describen y relacionan los diferentes flujos. Los flujos de información *up-stream* están referidos a ventas, inventario, calidad o planes de promoción; y los *down-stream* se clasifican por la capacidad productiva, planes de promoción o planificación de entregas. En cuanto a flujos relacionados con materiales, en la categoría de *up-stream* encontramos: devoluciones, reparaciones, servicio, reciclado y destrucción; y en los *down-stream:* materias primas, productos intermedios o productos acabados. Y los relacionado con las finanzas *up-stream:* pagos y consignaciones; mientras que los que tienen una dirección *down-stream* son créditos, consignaciones, plazos de pago y facturación.

Tabla 3. Clasificación de los flujos en la cadena de suministros

Flujos	Up-stream	Down-stream
Información	Ventas, inventario, calidad, planes de promoción	Capacidad productiva, planes de promoción, planificación de entregas
Material	Devoluciones, reparaciones, servicio, reciclado, destrucción	Materias primas, productos intermedios, productos acabados
Finanzas	Pagos, consignaciones	Créditos, consignaciones, plazos de entrega, facturación.

Fuente: Elaboración propia, a partir de Lee (2000).

El objetivo del SCM en la planificación, gestión y control de estos flujos es el de maximizar el valor generado por toda la cadena. Este valor es la diferencia entre el valor del producto final que paga el cliente y el total de costes añadidos en los distintos eslabones de la cadena de suministros (Raz, 2008).

Poder llegar a establecer objetivos en la gestión requiere de modelos de referencia tanto para académicos como practicantes (Naslund y Williamson, 2010) que permita establecer una bases comunes que permitan comparar, planificar, ejecutar, verificar y actuar, aplicando posteriormente el Círculo de Deming PDCA en cada una de sus fases y áreas, y en su totalidad.

3.2. Definiciones académicas del SCM

A modo de síntesis, se listan en la tabla 4 las principales diferentes definiciones académicas iniciales seleccionadas por Mentzer *et al.* (2001), quienes argumentaron que tanto las investigaciones como las prácticas podrían ser mejoradas ostensiblemente de disponer de una sola definición que fuera adoptada.

Tabla 4. Diferentes definiciones académicas iniciales del SCM

Autores	Definiciones
Monzcka, Trend y Handfield (1998)	El SCM requiere tradicionalmente asignar las funciones relacionadas con los materiales a un solo ejecutivo para la completa coordinación de los procesos, y también requiere relaciones conjuntas con los suministradores en los distintos niveles. SCM es un concepto «cuyo objetivo primario es la integración y gestión de los abastecimientos, flujos y control de los materiales utilizando una perspectiva de sistema total a través de las múltiples funciones y los múltiples niveles de suministradores».
La Londe y Masters (1994)	La estrategia de la cadena de suministros incluye: «...el inicio de relaciones a largo plazo entre dos o más compañías de la cadena de suministros; el desarrollo de confianza y compromiso en la relación; ...la integración de las actividades logísticas implicadas en compartir datos sobre la demanda y las ventas; ...un potencial de cambio en el enfoque del control de los procesos logísticos».
Stevens (1989)	«El objetivo de la gestión de la cadena de suministros es sincronizar los requerimientos del cliente con el flujo de materiales para conseguir un equilibrio entre los distintos objetivos y conflictos entre un elevado servicio al cliente, un bajo nivel de inventario y costes bajos unitarios».
Houlihan (1988)	Las diferencias entre la gestión de la cadena de suministros y el control clásico de los materiales y fabricación son: «1) La cadena de suministros se contempla como un solo proceso. La responsabilidad de los distintos segmentos en la cadena no está fragmentada ni relegada a las áreas funcionales, como producción, compras, distribución y ventas. 2) La gestión de la cadena de suministros se basa y depende de la toma de decisiones estratégicas. "Suministro" es un objetivo compartido con prácticamente cualquier función en la cadena y de su particular significancia estratégica, debido a su impacto final en los costes y en la participación de mercado. 3) La gestión de la cadena de suministros obliga a una perspectiva diferente respecto a los inventarios, que son utilizados como mecanismo de equilibro de último —no primer— recurso. 4) Se requiere una nueva aproximación a los sistemas —integración, en vez de interacción—».
Jones y Riley (1985)	«La gestión de la cadena de suministros se relaciona con el flujo total de materiales desde los suministradores a los usuarios...».
Cooper et al. (1997)	La gestión de la cadena de suministros es: «...una filosofía integradora para gestionar el flujo total de materiales en un canal de distribución, desde los suministradores al usuario final».

Fuente: Mentzer et al. (2001).

3.3. Marcos de referencia de la gestión

Describimos a continuación los marcos actuales más empleados en el SCM. Según Naslund y Williamson (2010) los modelos Supply Chain Operations Reference (en adelante, SCOR), Global Supply Chain Forum (en adelante, GSCF) y Collaborative Planning, Forecasting and Replenishment (en adelante, CPFR) están suficientemente definidos y podrían ser implementados en una variedad de empresas con cierto potencial de éxito. El modelo SCOR es quizás el más fácil de implementar debido a que tan solo contempla las funciones de negocio de suministro, producción y logística. El modelo GSCF es el más amplio, pero implica retos en su implementación al transformar una orientación funcional en una gestión de procesos. El modelo CPFR es el de un enfoque más reducido y el más flexible, pues permite decidir los niveles de colaboración que implementar en una escala de tiempo, aunque no asegura que los recursos internos estén alienados. El modelo de Mentzer se centra en la transversalidad funcional, los componentes de la cadena de suministros y los procesos que deben ser implementados, pero estos procesos no se describen en detalle (Naslund y Williamson, 2010). El modelo de Gartner (Davis *et al.*, 2011; McNeill, 2014) *demand-driven value networks* (DDVN) incorpora los componentes con un especial énfasis en las tecnologías de la información y las buenas prácticas.

3.3.1. Marco Supply Chain Operations Reference (SCOR)

El modelo SCOR fue desarrollado por el Supply Chain Council (en adelante, SCC) y ARM Research en 1996 (APICS SCC, en la actualidad) como una evolución genérica del modelo desarrollado por la compañía 3M (Bolstorff y Rosenbaum, 2010), es el más citado en la literatura (Naslund y Williamson, 2010) y el primero de una serie de modelos desarrollando por APICS SCC como marcos de gestión y control de la cadena de valor: diseño de producto y procesos (DCOR), ventas y soporte (CCOR) y gestión de producto y cartera de productos (PLCOR), relacionados en el modelo APICS SCC de la cadena de valor (gráfico 11).

Gráfico 11. Modelos APICS SCC: SCOR, DCOR, CCOR y PLCOR

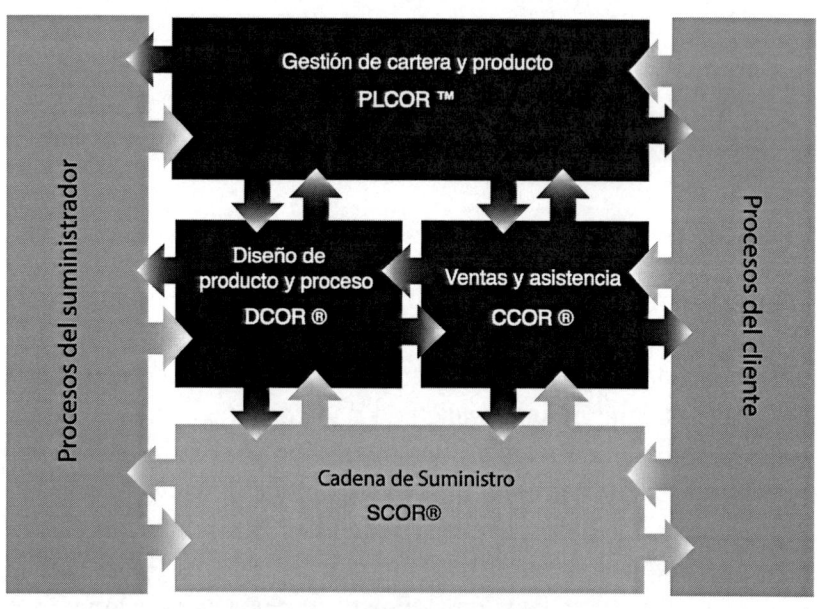

Fuente: APICS SCC (2015).

El enfoque del modelo de referencia de proceso (SCOR) es único, ya que vincula los procesos de negocio, métricas de rendimiento, prácticas y habilidades de la gente en una estructura unificada. Es de naturaleza jerárquica, interactiva e interrelacionada. En el modelo de referencia de proceso se integran los conceptos bien conocidos de la reingeniería de procesos de negocio, el *benchmarking*, la medición de procesos y diseño de la organización en un marco de funciones cruzadas (APICS, s.f.).

SCOR se fundamenta en tres pilares principales: modelado y reingeniería de procesos, medición del rendimiento y *best practices*. Según APICS SCC, la implantación del modelo en las empresas consigue tres mejoras claves (Naslund y Williamson, 2010):

1. Incrementa la velocidad de la implementación de sistemas.

2. Apoya los objetivos de aprendizaje organizacional.

3. Mejora la rotación de inventarios.

La consecución de estas mejoras se realiza a través de una serie de procesos cíclicos en la cadena de suministros de identificación, medida, reorganización y mejora, basado en los tres pilares básicos del modelo SCOR, también estructurados en tres niveles (gráfico 12):

1. Definición del ámbito: capturar la configuración de la cadena de suministros.

2. Medición del rendimiento: medir el rendimiento de la cadena de suministros y compararlo con los objetivos internos y externos de la industria.

3. *Best Practices*: realinear los procesos de la cadena de suministros con las mejores prácticas mediante *benchmarking* para conseguir objetivos de negocio no alcanzados o que han sufrido cambios.

Gráfico 12. Marco SCOR y sus tres niveles de actuación

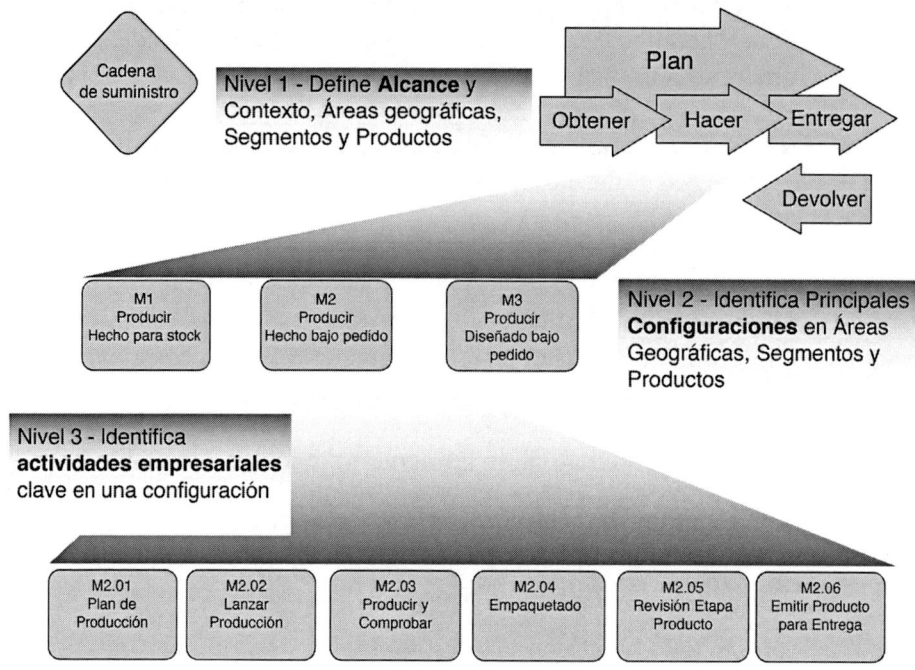

Fuente: APICS (s. f.).

SCOR pretende una reingeniería de seis procesos claves de negocio, denominados de primer nivel: planificar *(plan),* proveerse *(source),* hacer *(make),* entregar *(deliver),* devolver *(return)* y facilitar *(enable).* Esto, monitorizando su ejecución mediante unas métricas clasificadas en tres niveles. Las métricas del primer nivel miden el rendimiento y la competitividad de la cadena de suministros de la empresa:

- *Perfect order fulfillment.*

- *Order fulfillment cycle time.*

- *Upside supply chain flexibility.*

- *Upside supply chain adaptability.*

- *Downside supply chain adaptability.*

- *Overall value at risk.*

- *Total cost to serve.*

- *Cash-to-cash cycle time.*

- *Return on supply chain fixed assets.*

- *Return on working capital.*

El segundo nivel de métricas se refiere a los procesos transversales del modelo SCOR en la cadena de suministros. Y el tercer nivel de métricas monitoriza los procesos específicos de primer nivel: *plan, source, make, deliver, return.*

3.3.2. Marco Global Supply Chain Forum (GSCF)

Lambert y Stock introdujeron el concepto de gestión integrada del canal *(integrated chanel management)* descrito como «la coordinación de todas las actividades, más allá de la logística tradicional, entre los miembros del canal, con el propósito de obtener un alto nivel de satisfacción del cliente final» (Cooper, Lambert y Pagh, 1997), que sirvió en 1998 para desarrollar un modelo de gestión en el GSCF que identifica los ocho procesos claves (Lambert, Cooper y Pagh, 1998) que recorren transversalmente los silos funcionales de la empresa, mostrados en el *gráfico 13*, según la actualización realizada por el mismo Lambert en 2008. Este modelo relacional es el segundo más utilizado en la actualidad, cuyo principal objetivo es el de incrementar la satisfacción del cliente final y cuyo objetivo secundario es mejorar la satisfacción con los proveedores, con un «enfoque basado en procesos y con la premisa de que todas las funciones que "tocan" en producto o están involucradas en un servicio deben trabajar conjuntamente» (Naslund y Williamson, 2010). Lambert afirma en una entrevista realizada por Kane (2008):

> Para nosotros, *supply chain management* es un modelo de gestión integrada de negocio, que toma como base una visión de los procesos y cómo todas las distintas funciones del negocio tienen que trabajar conjuntamente y cómo las actividades de negocio están relacionadas con los clientes y los proveedores. El marco fue desarrollado para encontrar el nivel adecuado de relación entre clientes y suministradores, y crear equipos funcionales transversales que toman decisiones en base a [*sic*] una visión holística del negocio.

Gráfico 13. Marco de referencia SCM del GSCF

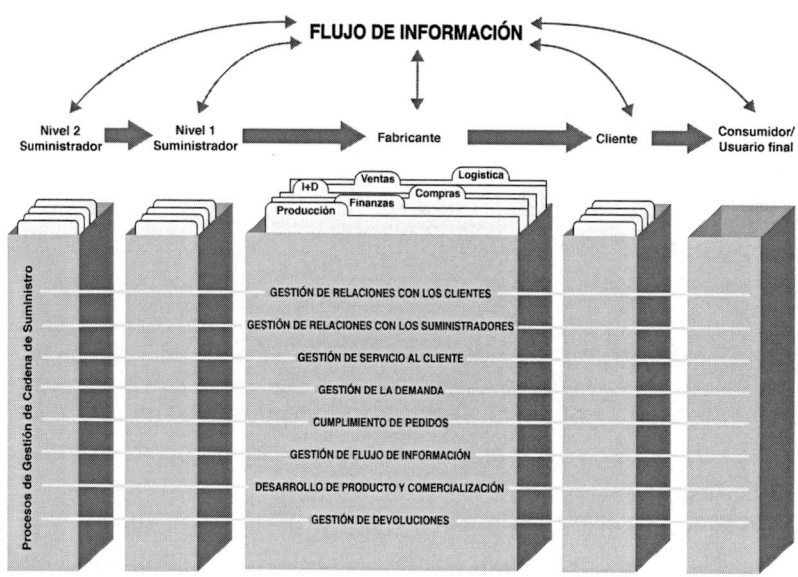

Fuente: Lambert (2008).

3.3.3. Marco Collaborative Planning, Forecasting and Replenishment (CPFR)

El modelo de planificación colaborativa, previsión y reabastecimiento (CPFR, en sus siglas en inglés) es una herramienta que se utiliza para mejorar la cadena de suministros que deben rendir de manera óptima minimizando inventario, costes logísticos y creando eficiencia en toda la cadena de suministros para todos los miembros. CPFR utiliza la gestión colaborativa, compartiendo información claves sobre la cadena de suministros entre fabricantes, proveedores y minoristas (vendedores y compradores), que trabajan juntos para satisfacer las necesidades del cliente final. El cliente se sitúa en el centro de una serie de anillos concéntricos que representan la cadena de suministros desde el cliente final hasta el proveedor. A cada anillo le corresponde un eslabón de la cadena de suministros según la proximidad al cliente final, dividendo los procesos de cada eslabón en cuadrantes que representan las actividades colaborativas, y que van —en el sentido de las agujas del reloj— desde el nivel estratégico, al operativo, al táctico y al de control: (1) estrategia y planificación, (2) gestión de la demanda y la cadena de suministros, (3) ejecución y (4) análisis (VICS, 2010).

Los orígenes de este modelo se remontan a 1995 con una iniciativa de Walmart, la Universidad de Cambridge y el desarrollador de *software* para gestión estratégica Benchmarking Partners. Posteriormente, se presentó al Comité de Normas Voluntario Interindustrial y Comercio (en adelante, VICS) como propuesta de un modelo estándar internacional de integración del SCM. Hoy en día más de trescientas empresas han implementado el modelo y numerosos casos de estudio muestran reducciones de inventario de entre el 10 y el 40 % en toda la cadena de suministros y mejoras de productos en *stock* de entre el 2 y el 8 % (Toiviainen y Hansen, 2011). El gráfico 14 representa las actividades de colaboración entre los distintos miembros de la cadena de suministros comprendidos entre el fabricante y el consumidor final (VICS, 2010).

Gráfico 14. Modelo CPFR

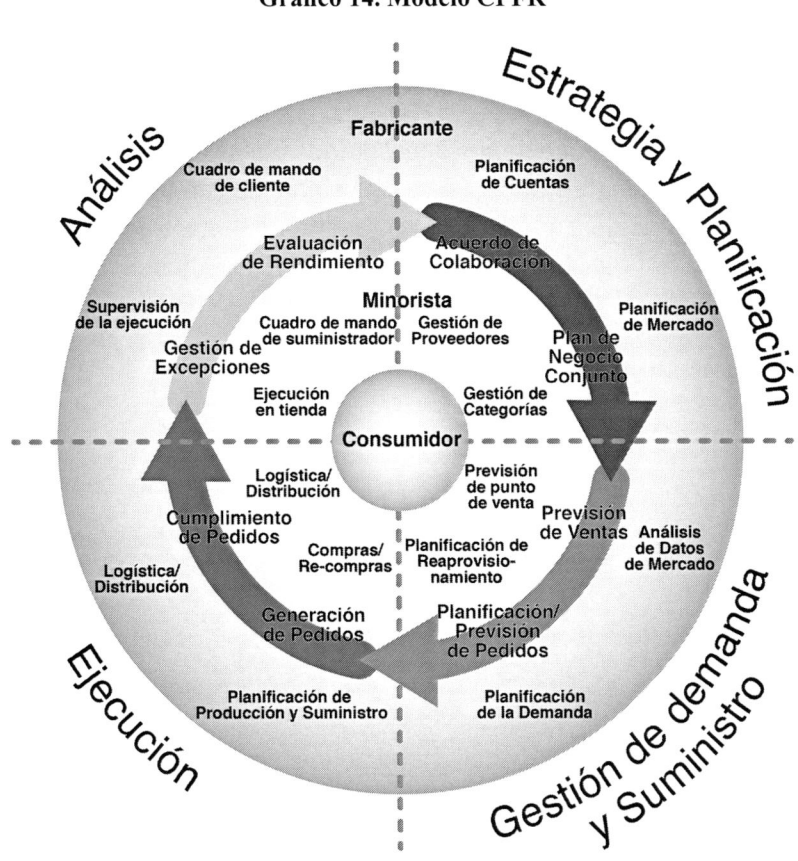

Fuente: VICS (2010).

El modelo CFPR utiliza técnicas, herramientas y procesos estándares; no depende, por tanto, de la tecnología, y se basa en la mejora de la planificación de la cadena de suministros a través de perfeccionar los flujos de información entre los miembros de la cadena (Naslund y Williamson, 2010) que actúan de forma coordinada y colaborativa en las cuatro actividades claves y las ocho tareas; dos para cada actividad colaborativa (tabla 5) (Toiviainen y Hansen, 2011).

Tabla 5. Actividades y subactividades colaborativas modelo CPFR

Actividades colaborativas	Tareas colaborativas
Planificación y estrategia	Acuerdo de colaboración
	Plan de negocio conjunto
Gestión de la cadena de suministro y de la demanda	Previsión de ventas
	Previsión y planificación de pedidos
Ejecución	Generación de pedidos
	Asignación de pedidos
Análisis	Gestión de incidencia
	Evaluación de rendimiento

Fuente: Elaboración propia, a partir de Toiviainen y Hansen (2011).

Según VICS (2010) los beneficios conseguidos por las empresas que han implantado su metodología impactan en las principales áreas funcionales de la empresa, comprobándose el carácter estratégico en cuanto a la mejora de la competitividad de la gestión integrada del SCM. Los beneficios principales cuantificados son:

- Incremento en ventas: 10 % - 30 %

- Incremento en margen operativo: 2 % - 6 %

- Incrementos en *in-stocks:*   2 % - 7 %

- Reducción de inventario: 10 % - 30 %

- Mejora en *on-time-delivery:*   5 % - 10 %

- Mejora en *forecast accuracy:*   20 % - 30 %

- Reducción costes logísticos y operacionales: 10 % - 28 %

3.3.4. Marco Mentzer

Mentzer *et al*. (2001) aportaron su modelo conceptualizando la gestión de la cadena de suministros, de modo que afirmaban lo siguiente:

> El *supply chain management* es la sistemática, estratégica y táctica coordinación de las funciones tradicionales de negocio en una compañía en particular y a través de todos los negocios en la cadena de suministros, con el propósito de mejorar a largo plazo el rendimiento de las compañías individualmente y de toda la cadena de suministros (Mentzer *et al.,* 2001).

Este modelo conceptual, que se detalla en el gráfico 15, se ha construido a través de una extensa e intensiva revisión de la literatura anterior a 2001 (Naslund y Williamson, 2010) y muestra la cadena de suministros como una tubería, relacionando los flujos direccionales de la cadena de suministros (productos, servicios, recursos financieros, la información relacionada con esos flujos y los flujos de datos de la demanda y previsión), y la coordinación intraempresa entre los distintos miembros de la cadena de suministros, desde los suministradores, los suministradores de suministradores y los clientes de los clientes con el objetivo de añadir valor y satisfacer las demandas del cliente alcanzado su satisfacción.

El marco de Mentzer contempla las bases para establecer relaciones entre compañías y la coordinación entre las distintas funciones de estas: (1) confianza, (2) compromiso, (3) riesgo, (4) dependencia y (5) comportamiento. En el contexto global de las relaciones interempresas los elementos necesarios a considerar para alcanzar una coordinación total de la cadena de suministros son: (1) traspaso de funciones, (2) proveedores externos *(third parties)*, (3) gestión de las relaciones y (4) estructuras de la cadena de suministros. Varían en su relevancia según las configuraciones globales de cada cadena de suministros (Mentzer *et al.*, 2001).

Gráfico 15. Modelo de referencia Mentzer

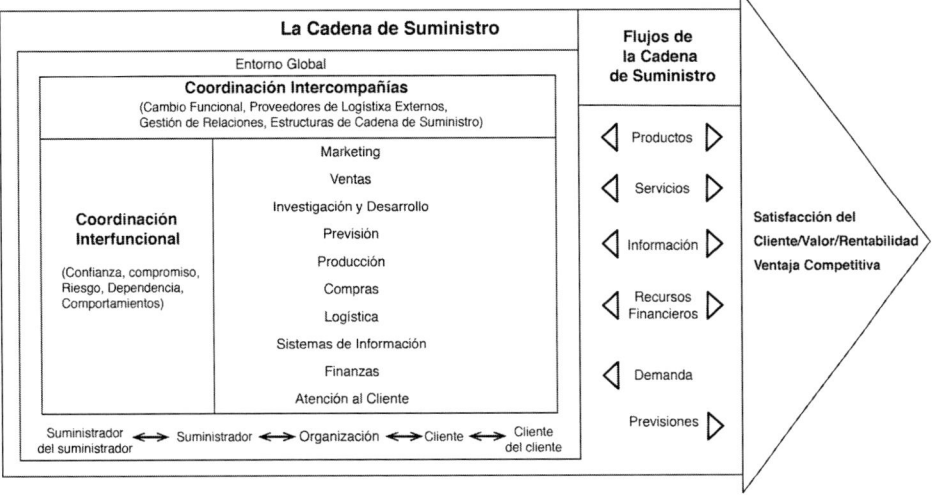

Fuente: Mentzer et al. (2001).

3.3.5. Marco Demand-Driven Value Networks

El modelo Demand-Driven Value Networks (en adelante, DDVN) de Gartner (Davis *et al.,* 2011) es un modelo de excelencia que define doce factores críticos, estructurados en tres niveles de maduración, que las compañías deben alcanzar en su recorrido a la excelencia en SCM, para alcanzar crecimiento, agilidad y ventaja competitiva (gráfico 16).

Gráfico 16. Modelo DDVN

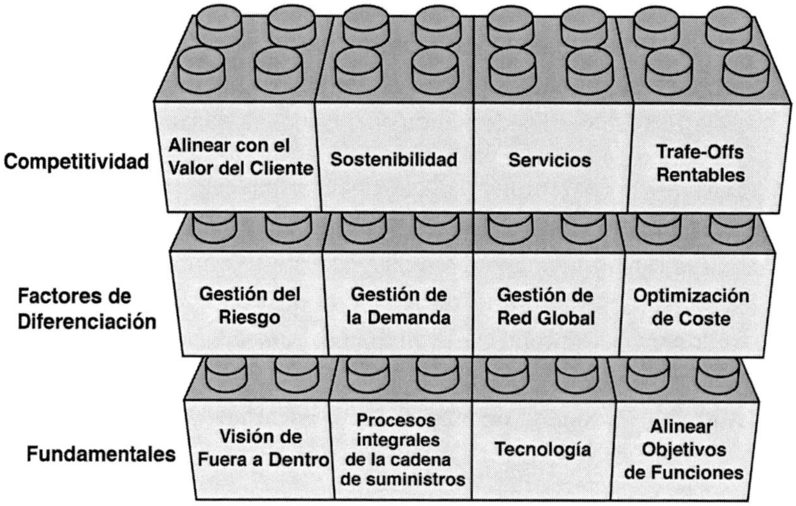

Competitividad	Alinear con el Valor del Cliente	Sostenibilidad	Servicios	Trafe-Offs Rentables
Factores de Diferenciación	Gestión del Riesgo	Gestión de la Demanda	Gestión de Red Global	Optimización de Coste
Fundamentales	Visión de Fuera a Dentro	Procesos integrales de la cadena de suministros	Tecnología	Alinear Objetivos de Funciones

Fuente: Davis *et al.* (2011).

1. Nivel básico, fundamentos: la compañía tiene cierta sensibilidad al valor percibido por el cliente, gestiona la tecnología adecuada en la empresa para alcanzar la visibilidad de la cadena completa de suministros y, así, poder tomar las decisiones funcionales necesarias con una integración de procesos en toda la cadena de suministros y objetivos alineados.

2. Nivel intermedio, diferenciación: la compañía ha solidificado los fundamentos de la gestión del SCM, y comienza a diferenciarse desarrollando nuevas competencias en cuanto a gestión de riesgos, gestión de la demanda, gestión de las redes de suministro globales; además, establecen la optimización de la cadena de suministros integrada en su totalidad, no solo como eslabones.

3. Nivel avanzado, ventaja competitiva: es este el estado máximo de maduración del modelo; aparece el concepto de orquestación de todos los elementos de la cadena de suministros, integrados y alineados en objetivos, con una alta sensibilidad a la demanda, respondiendo a las necesidades y cambios con una colaboración consensuada a través de toda la cadena de suministros. La compañía se centra en la alta generación de valor percibi-

do por el cliente, mantener la sostenibilidad del negocio, desarrollar una experiencia de cliente mediante servicios de valor añadido, y gestiona los *trade-offs* inherentes a los intereses contrapuestos que puedan surgir entre los distintos miembros de la cadena de suministros mediante decisiones que generan valor en la totalidad de la red de valor.

Una vez alcanzado el nivel máximo de maduración en la implementación del SCM, las tecnologías de la información juegan un papel importante (McNeill, 2014) para orquestar la cadena de suministros como una sola entidad, gestionar los flujos de información a través de toda la red de valor y tomar decisiones consensuadas con los miembros relevantes en cada momento:

> Las incrementalmente complejas y frecuentemente virtuales —digitales— cadenas de suministro de las compañías globales requieren un entendimiento de todos los procesos *end-to-end* y la implicación de los ejecutivos informáticos para crear una visión, ejecutarla, delegarla en los distintos equipos e institucionalizarla.

En el gráfico 17 se muestran los distintos componentes relacionados con cada fase de la vida del producto en la cadena de suministros y su planificación, y cómo estos son apoyados por una evaluación y selección de las tecnologías disponibles, basándose en una comparativa de buenas prácticas en las distintas industrias.

Gráfico 17. Modelo DDVN de gestión de la excelencia en el SCM

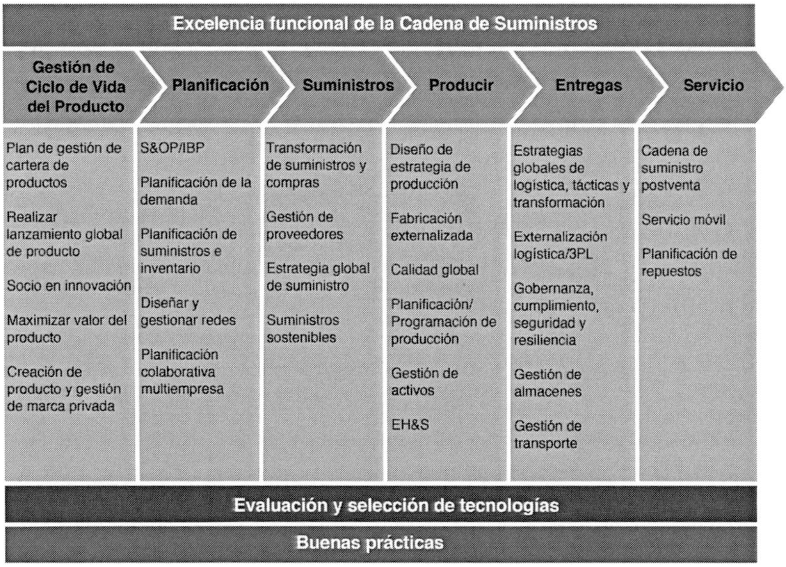

Fuente: McNeill (2014).

3.4. Primeras iniciativas empresariales

Las primeras iniciativas empresariales en los comienzos del SCM fueron las llevadas a cabo por Hewlett-Packard, Whirlpool, Walmart, y la colaboración de empresas entre West Co., Becton Dickinson y Baxter (Lumus y Vokurka, 1999).

Hewlett-Packard y otros «fabricantes de computadores, enlazaron sistemáticamente sus actividades de distribución con las de fabricación a primeros de los 1990» (Hammell y Kopczak, 1993). «La implementación incluyó cambios tanto en la distribución física de productos, como en nuevos requerimientos en sistemas de planificación (DRP: Distribution Requirement Planning). Los sistemas DRP permiten conciliar los pedidos de clientes con las previsiones y sirvieron como comienzo del sistema *pull* de la cadena de suministros» (Lumus y Vokurka, 1999).

Whirlpool optó por un sistema *pull* en 1992 con un equipo de ejecutivos especialmente dedicados, con una visión que definió como: «Las compañías ganadoras serán las que más se acerquen a un sistema inter-compañía de tipo *pull*. Estas estarán conectadas a ciclos cortos de respuesta a clientes» (Davis, 1995).

Walmart, por su lado, comenzó a trabajar directamente con fabricantes claves (Johnson y Davis, 1995), que eran responsables de gestionar los almacenes de Walmart de sus productos, acuñando el término *vendor managed inventory* (en adelante, VMI), comprometiéndose a obtener una ratio de cumplimiento de pedidos del cien por cien. KMart y otras grandes cadenas de distribución aplicaron programas similares de VMI (Lumus y Vokurka, 1999).

Podemos visualizar la cadena de suministros de Walmart y su asociación con Procter & Gamble (P&G) para la venta y distribución de los pañales para bebés de la marca Pampers y los flujos de información *up-stream* y *down-stream,* tal como muestra el gráfico 18.

> La cadena de suministros comienza cuando un cliente pide un paquete de pañales. El siguiente paso ocurre en la tienda que el cliente visita, que debe disponer de inventario suficiente suministrado por el centro de distribución de productos acabados (almacén) gestionado por Wal-Mart [sic] o por un *third party distributor*. Este distribuidor recibe el *stock* desde el fabricante, por ejemplo P&G, que produce Pampers. La cadena de producción de P&G recibe las materias primas desde diferentes suministradores, incluyendo la cinta de 3M y el plástico de envoltorio

de Film Fabrication Inc. Estas materias primas deben ser suministradas por proveedores *lower-tier* (Raz, 2008).

Gráfico 18. Cadena de suministros de pañales Pampers de P&G distribuidos por Walmart y área de posible alianza estratégica SCM en centro de distribución y almacén

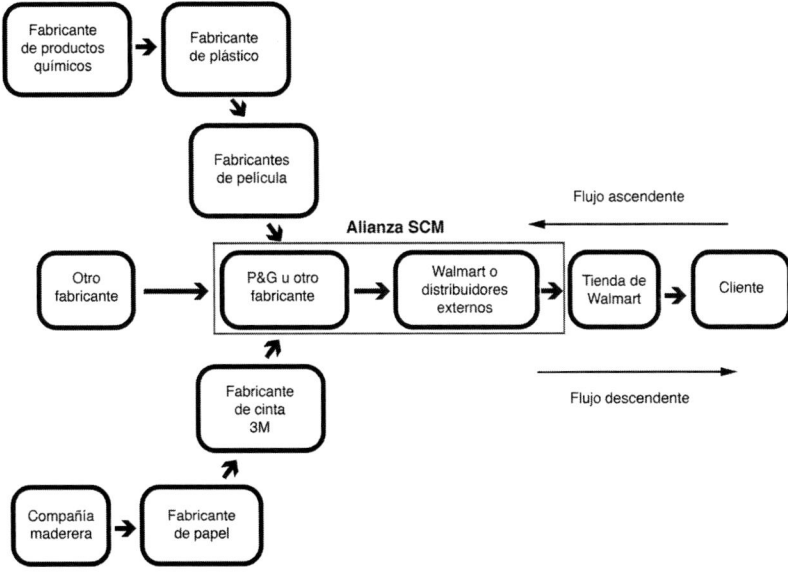

Fuente: Elaboración propia a partir de Raz (2008).

West Co., Becton Dickinson y Baxter, compañías del sector de productos médicos, se unieron para crear relaciones mutuas en la gestión de las cadenas de suministros, asignando un equipo de *senior executive-officer* para monitorizar la ejecución. Trabajaron conjuntamente en todos los niveles de gestión y consiguieron mejoras en calidad y servicio, a la vez que redujeron los ciclos y costes (Lumus y Vokurka, 1999).

Lucen Technologies Inc., Chevron Texaco Corporation y H. J. Heinz Company fueron empresas, entre otras muchas, que ya a principios del nuevo milenio habían creado una posición ejecutiva sénior *(CPO: Procurement Officer)* que dirigía y coordinaba la cadena de suministros junto con los ejecutivos de las áreas de Operaciones *(COO: Chief Executive Officer),* Financiera *(CFO: Chief Financial Officer)* e Informática *(CIO: Chief Information Officer)* con una visión transversal (Laseter y Oliver, 2003).

DuPont fue aún más categórica creando el cargo ejecutivo *Vice President Global Sourcing & Logistics and Chief Procurement Officer.* IBM decidió en 2002 darle aún una mayor relevancia jerárquica y transversalidad en la toma de decisiones corporativas, con el título de *Senior Vice President, Integrated Supply Chain;* responsable de «acompasar de principio a fin las operaciones de la cadena de suministros, incluyendo los sistemas de aprovisionamiento, de producción, logística y los procesos de gestión de pedidos y satisfacción de clientes». El concepto de integración de la gestión y planificación de la cadena de suministros como unidad organizacional con funcionalidad transversal toma forma.

3.5. Inicios del SCM en Japón: *Lean Management System*

A finales de la década de los ochenta las empresas industriales japonesas pusieron gran énfasis en el área del SCM, especialmente influenciadas por la escasez de espacio en Japón y la distancia de sus mercados internacionales. Hubo una conciencia nacional sobre la necesidad de incrementar la productividad mediante la utilización eficiente de los recursos, incluido el inventario. Enraizó la idea de considerar el inventario como uno de los desperdicios improductivos y, por tanto, algo que sería conveniente eliminar en toda la cadena de suministros, dado que no aportaba valor y ocultaba, además, una serie de problemas críticos, como la volatilidad de la demanda, las previsiones erróneas, los suministradores poco fiables, los problemas de calidad y cuello de botella (Christopher, 2011).

Aparecieron innovadores sistemas de gestión tales como *Just-in-Time* (inventario requerido para la producción justo a tiempo), Kanban (comunicación, planificación y ejecución de la producción basada en un sistema *pull, up-stream*, basado en la demanda prevista y no en la capacidad productiva) y Kaizen (mejora continuada), para reducir todas las tareas que no aportasen valor, convirtiéndose en su conjunto en una cultura organizacional. Fueron principalmente desarrollados por Toyota (Harada, 2015) en su sistema de gestión industrial Toyota Manufacturing System (en adelante, TMS) y contaban con un personal altamente entrenado y comprometido. Se extendieron rápidamente y fueron mundialmente aceptadas como *best practices* entre las empresas de fabricación de gran volumen que admiraban el rápido crecimiento de los fabricantes de automóviles japoneses y su aproximación al SCM.

Masaaki Imai aportó en 1986 la primera aproximación sistemática a la filosofía Kaizen, como mejora continuada basada en pequeños e incrementales cambios en todos los procesos. Estableció los principios de *Lean* relativos al estudio de las compañías japonesas líderes entonces, y fundó el Kaizen Institute Kaoru Ishikawa, que aportó en 1985 los círculos de control de calidad como motor principal del Kaizen y el sistema de representación de análisis de mejoras denominado *fishbone*, frecuentemente utilizado por *managers* y consultores. Genichi Taguchi, experto estadista y director de la Japanese Academy of Quality, que recibió el Deming Prize cuatro veces, definió en 1986 la calidad de un producto según las pérdidas incurridas en el momento en el que el producto se envía al consumidor, como quejas del cliente, coste de garantías adicionales, daño a la reputación de la compañía, pérdida de participación de mercado…, y diseñó técnicas estadísticas para su control y análisis hoy en día denominadas *statistical process control* (SPC), y que fueron a su vez los orígenes del modelo de gestión de calidad total Six Sigma (Hines, 2013).

Estas prácticas recibieron el nombre de *Lean Production System*, *Lean Practices* (Prakash y Sunil-Kumar, 2011) o *Lean Managemen System* (Charron *et al.,* 2014). Las empresas occidentales se apresuraron a seguir el ritmo de un entorno que cambiaba rápidamente, desplazando sus centros de suministro y operaciones hacia los nuevos centros económicos emergentes y comenzaron a aplicar las herramientas del TMS para incrementar su calidad, y a la vez reducir costes y tiempo al tener una mayor proximidad a los nuevos mercados, reduciendo por tanto inventario en tránsito con su coste añadido.

4. Enfoque competitivo

El enfoque competitivo del SCM no es algo nuevo en la literatura académica, sin embargo, su conceptualización y aceptación continúan mayoritariamente limitados a los círculos profesionales y académicos (Antai, 2011). El SCM se considera en la actualidad como una parte claves de la competitividad de las compañías a escala global, ya que en la actualidad se considera la cadena de suministros como un concepto similar al de cadena de valor definido por Porter, en cuanto a la habilidad de la organización para diferenciarse del resto de sus competidores a los ojos del cliente y, por otro lado, por la capacidad de operar con menores costes y, por tanto, obtener mayor beneficio (Christopher, 2011).

Mentzer *et al.* (2001) se basan en varios autores (Global Logistics Research Team Michigan University, 1995; Monczka, Trend y Handfield, 1998) para afirmar que motivación principal para implementar el SCM en la empresa es la de incrementar la competitividad. Para Lalonde (1997), esta mejora la satisfacción del cliente y las economías de la empresa, a la vez que añade valor a través de la cadena de suministros. Según Giunipero y Brand (1996), mejora el beneficio y la competitividad de la empresa y consigue, además, la satisfacción del cliente. Otros beneficios más específicos son la consecución de la satisfacción del cliente al disponer de los inventarios necesarios para satisfacer la demanda (Cooper y Ellram, 1993). Varios autores relacionan la satisfacción del cliente con la mejora de servicios (Mentzer *et al.,* 2001).

Una gestión excelente de la cadena de suministros permite incrementar la participación de mercado, reducir costes, mejorar el servicio al cliente e incrementar el valor de mercado a través del retorno en activos (Raz, 2008):

> En los setenta, las compañías competían por excelencia en calidad, y en los ochenta, el foco se dirigió a la fabricación. Desde los noventa, la calidad ha dejado de ser una fuente de competitividad, convirtiéndose en un requerimiento básico, y muchas compañías han reducido las ineficiencias en producción al mínimo. La mayor oportunidad apareció fuera de los muros de la fábrica. El campo de la competitividad ha cambiado ahora a la gestión de la cadena de suministros global.

Son numerosos los autores que vinculan la gestión estratégica del SCM a la estrategia de negocio (Mentzer *et al.*, 2001: citan a Cavinato, 1992; Cooper *et al.,* 1997; Cooper y Ellram, 1993; Cooper, Lambert y Pagh, 1997; Ellram y Cooper 1990; Lee y Billington, 1992; Novack, Langley y Rinehart, 1995;

Tyndall *et al.*, 1998) como una ventaja competitiva (Porter, 1985), tanto en liderazgo de costes como en diferenciación (Porter, 1985). Una ventaja competitiva es aquella que diferencia a la empresa entre otras de su mercado, sector o industria y que le permite un mejor desempeño estratégico que el resto de empresas y, por tanto, una ventaja.

> El *supply chain management* tiene el potencial de mejorar la competitividad de la empresa. La capacidad del *supply chain management* es muy importante para el cumplimiento de la estrategia general y la estrategia de producto [...] promueve los procesos a través de los distintos departamentos. Alineando los objetivos de la cadena de suministros con los objetivos de la estrategia de la compañía, las decisiones pueden ser tomadas entre las necesidades competitivas de la cadena de suministros. Las mejoras en rendimiento están dirigidas por objetivos externos por encima de los objetivos internos de los departamentos. Gestionar la cadena de suministros a través de las distintas áreas funcionales tradicionales y gestionando las interacciones externas de la compañía con los suministradores y clientes [...] supone incorporar objetivos propios del *supply chain management* y sus competencias en el plan estratégico de la compañía» (Lumus y Vokurka, 1999).

Cohen y Roussel (2013) proporcionan evidencias concretas de que tanto el rendimiento de la cadena de suministros como el rendimiento financiero van constantemente de la mano y, en cuanto al SCM, este provee las bases del posicionamiento competitivo de la empresa en el mercado objetivo, ya que contribuye a la innovación, la experiencia del cliente, la calidad y el coste, elementos claves de una visión estratégica enfocada a la satisfacción del cliente.

Distinguiendo entre la función operacional del servicio al cliente y el objetivo resultante de mejorar el valor percibido por el cliente y su satisfacción, Mentzer *et al.* (2001) afirmaron coincidir con el Performance Management Group en cuanto a que la gestión estratégica del SCM consigue una ventaja competitiva para la empresa en la reducción de costes y en la mejora del valor percibido por los clientes y su satisfacción.

La relevancia estratégica del SCM se afianza en función del incremento de costes y la complejidad de las operaciones globales de cada compañía. En 2003 las empresas invertían anualmente más de 19 000 millones de dólares en tecnologías de la información relacionadas con el SCM, según un estudio de Data Corporation. Estas inversiones mantuvieron, desde entonces, crecimientos sostenidos, con un pronóstico de crecimiento en 2014 del 10,6 % según

Richard Gordon, *Managing Vice President* de la consultoría líder mundial en IT Gartner Inc. (Gartner Inc., 2014).

En una reciente investigación realizada por Gartner se confirma que el rol del SCM como factor claves en el crecimiento de las empresas es categórico:

> Si hay una tendencia que se escuchó fuerte y claro en nuestra encuesta anual a los CEO en 2014, es que la alta dirección ya está especialmente centrada en el crecimiento. Un total del 63 % de los altos ejecutivos recogió el crecimiento como un imperativo superior, en comparación con la siguiente área más popular, la gestión de costes, en el 25 %. Las principales cadenas de suministro están permitiendo este crecimiento, tanto orgánicamente como a través de fusiones y adquisiciones con éxito en la integración. Al mismo tiempo, estamos viendo cómo los verdaderos líderes de la cadena de suministros emergen como socios confiables e integrados a los grupos empresariales —que forman sus ecosistemas— (Aromow *et al.*, 2014).

La consultoría PwC organizó en 2013 el «MIT Forum for Supply Chain Innovation, Making the right risk decisions to strengthen operations performance», en el que se constató que las empresas reconocen que, en la economía global de hoy, sus cadenas de suministro son parte fundamental para el éxito (MIT, 2013*a*).

También se consideran como fuentes de ventaja competitiva aquellas relacionadas con el SCM como las economías de escala, la escalabilidad y eficiencia en procesos ajustados a las características de los mercados y los modelos de negocios innovadores (McKinsey & Company y Koller *et al.*, 2010).

El concepto de SCM desarrollado durante los treinta últimos años es simple, pero su puesta en práctica —como hemos visto— es compleja. La integración de la gestión de los procesos y actividades claves de negocio desde el usuario final a los suministradores originales de materiales, componentes, productos, servicios e información, que añaden valor a la cadena de suministros creando una ventaja competitiva para la empresa (Porter, 1985) con una creciente externalización, es diferente para cada empresa. Si en una gran cantidad de empresas globales únicamente el 20 % del *net output ratio* (Batra, 2012) o el 20 % de lo que el cliente está dispuesto a pagar se produce en la propia empresa, ¿podemos decir que compiten las empresas con los productos que producen? Propiamente dicho, no. El 80 % del valor corresponde a sus redes de suministro externas y a cómo estas se gestionan. «No compiten las compañías individualmente, compiten (las redes de) sus cadenas de suministro», según Martin Christopher (2005), profesor emérito de Comercialización y Logística en la Cranfield School of Management en Cranfield (Inglaterra). Los ganadores, dice, «no son necesariamente las empresas que cuentan con los mejores productos y servicios, [sino] los que tienen las cadenas de suministro más eficientes».

Fung *et al.* (2008) concluyen:

> Las compañías solían ver la competición de compañía contra compañía. Pero el mundo en red es como un deporte de equipo —el resultado final no depende solo de un jugador, sino de la fortaleza de todo el equipo—. La mejor red ganará […] la competición ya no es entre compañías, sino entre cadenas de suministros contra cadenas de suministros.

En la actualidad, son numerosos los ejemplos de compañías globales líderes que gestionan estratégicamente sus bien orquestadas cadenas de suministro como factor claves de competitividad: Procter & Gamble (P&G), Seven-Eleven Japan (SEJ), Dell Computers (Dell), Zara y Walmart son testimonios de ello (Raz, 2008), y han sido ampliamente estudiadas académicamente.

En un horizonte a largo plazo, el IMD World Competitiveness Center define la competitividad como la creación sostenida de valor con dos elementos claves: rentabilidad de la empresa y la capacidad de crear puestos de trabajo en el mismo periodo de tiempo.

> La capacidad de las empresas de permanecer rentables a lo largo del tiempo, a la vez que minimizando el impacto del entorno en sus actividades y que provee un contexto organizacional donde el personal prospera (IMD World Competitiveness Center, 2016).

En este sentido, la competitividad en la cadena de suministros se basa en desarrollar las competencias necesarias para contribuir a la competitividad sostenible de la empresa en la interacción con su contexto (Antai, 2011). En el gráfico 19 se representan los estados competitivos evolutivos de las cadenas de suministros como una pirámide de cuatro pisos; situaríamos en la base de la pirámide aquellas cadenas de suministro del *statu quo,* cuya gestión no realiza esfuerzos para desarrollar competencias, habilidades específicas, capital intelectual, etc. En el segundo piso de la pirámide estarían las que desarrollan ciertas competencias en sus cadenas de suministros orientadas a sostener la competitividad de la empresa: competencias, habilidades, conocimiento, normalización… En un tercer nivel, de rivalidad manifiesta entre las cadenas de suministro aportando valor diferencial, estarían las cadenas de suministro que compiten con otras cadenas de suministro de empresas de la misma industria, mediante el registro de patentes y propiedad intelectual, el uso de la tecnología, de la información y el desarrollo de nuevas materias primas. En la cima de la pirámide se sitúa el nivel correspondiente a la ventaja competitiva, donde se encuentran las cadenas de suministro excelentes que aportan una ventaja competitiva a su organización y que mantienen rendimientos, participación de mercado, rentabilidad y creación de valor superiores a sus competidores.

Gráfico 19. Pirámide de competición mediante las cadenas de suministro

Ventaja competitiva:
• Rendimiento superior
• Participación de mercado
• Rentabilidad
• Superior creación de valor

SCM excelencia

Rivalidad:
• Patentes y derechos
• Tecnología
• Información
• Materias primas

SCM compitiendo e interactuando

Competitividad:
• Habilidades
• Competencias
• Conocimiento
• Normalización

Habilidades competitivas SCM

Statu quo: SCM no realiza esfuerzos para desarrollar competencias

Fuente: Elaboración propia, a partir de Antai (2011).

4.1. Modelos de estrategias competitivas del SCM

A continuación describimos los modelos generales de estrategias competitivas del SCM, en sus tres perspectivas: (1) el modelo genérico en el valor recibido por el cliente, posicionando las cuatro competencias principales respecto a los competidores —QSCT—; (2) modelo orientado a la eficiencia en función del volumen y variabilidad de la demanda —Lean & Agile Supply Chain— y (3) orientado al cliente final y la percepción que este tiene del producto o servicio —posicionamiento de producto— con una integración total de las estrategias de la cadena de suministros y el *marketing* —Order-Winning y Order-Qualifier—.

4.1.1. Modelo Customer Value: 4 Key Success Factor QSCT

El modelo 4 *Key Success Factors* QSCT (calidad, servicio, coste y tiempo, en inglés) se basa en la identificación de los cuatro factores críticos competitivos (Grunert y Ellegaard, 1992) en que la satisfacción del cliente viene determinada por el nivel de valor del producto o servicio que este recibe, y se podría definir como la diferencia entre los beneficios percibidos por una compra o relación y el total de costes incurridos o, dicho de otra forma, el valor marginal recibido por el cliente, que se expresa en la ecuación 1 (Christopher, 2011).

Ecuación 1: *Customer value*

$$Customer\ value = \frac{beneficio\ percibido}{coste\ total\ de\ posesión}$$

El coste total de posesión no se refiere solamente al precio de adquisición, sino que incluye además todos los costes relacionados con la transacción: compra y posesión.

De Toni y Tonchia (2001) confirmaron la existencia de cuatro dimensiones o indicadores que las empresas consideraban como factores críticos: (1) coste/productividad; (2) tiempo; (3) flexibilidad y (4) calidad. El modelo de los cuatro factores competitivos claves, o *key success factors* QSCT, es transaccional y considera que la ventaja competitiva generalmente viene dada cuando la compañía suministra al cliente un *customer value* superior a sus competidores. La proporción de beneficios percibidos es superior a los costes, teniendo la logística y el *supply chain management* una gran capacidad de influenciar tanto en numerador como en denominador. Con este simple razonamiento Johansson *et al.* (1993) disgregan la fórmula en cuatro elementos críticos de éxito, o *key success factors* relacionados, con el SCM: calidad y servicio como beneficios principales percibidos por el cliente, que por tanto se sitúan en el numerador. Y coste y tiempo, como elementos principales del denominador. Tal como se muestra en la ecuación 2 (Johanson *et al.,* 1993).

Ecuación 2: SCM *Customer value*

$$customer\ value = \frac{calidad \times servicio}{coste \times tiempo}$$

Estos cuatro elementos requieren una continua revisión y programas de mejora continuada, innovación e inversiones para asegurar que se mantiene la ventaja competitiva para la empresa, constituyendo una posición de liderazgo frente a sus competidores. Es importante que se requiera una maximización de todos los componentes coste y servicio, y a la vez una minimización del coste y tiempo. Los cuatro elementos pueden ser balanceados estratégicamente según las capacitaciones de la empresa respecto a sus competidores y la percepción de los clientes de forma que se consiga maximizar el *customer value* de la forma más eficiente y rentable para la organización. Estos factores críticos de éxito se definen en la perspectiva del SCM como sigue (Christopher, 2011):

- Calidad: funcionalidad, rendimiento, características, especificaciones técnicas de la oferta.

- Servicio: disponibilidad, asistencia y compromiso contratado con el cliente.

- Coste: coste de la transacción, incluyendo el precio y todos los incurridos en el ciclo de vida.

- Tiempo: el tiempo necesario para responder a los requerimientos del cliente, como plazos de entrega.

Hines (2013) reinterpreta estos cuatro factores que influencian la decisión de compra por parte del cliente presentando el modelo QSCFR, donde la T de tiempo se cambia por la F de *flexibility*, y se añade la R de *reliability,* que está relacionada con el porcentaje de pedidos entregados a tiempo o completos, disponibilidad de *stock* y tiempo promedio de entrega respecto al tiempo prometido.

Tanto el modelo genérico QSCT como el QSCFR de Hines se apoyan en métricas que pueden ser comparadas con las expectativas del cliente y los competidores. Este *benchmarking* se centra en la mejora de las operaciones con el provisto de ser *better, cheaper & faster* (Hines, 2013). Traducido como mejor calidad en servicio con el conseguimiento del proceso de servir pedidos de forma perfecta, el tiempo *end-to-end* de la cadena de suministros más rápido y con menor coste de servicio. Estos tres factores se mantienen por encima de los competidores como definición de la excelencia en la cadena de suministros. Hines (2013) afirma: «Aquello que puede ser medido puede ser gestionado».

El modelo QSCT es frecuentemente utilizado como referencia inicial para la toma de decisiones en el posicionamiento competitivo de la cadena de suministros, y la elección entre los modelos siguientes.

4.1.2. Modelo de alta eficiencia: Lean Management System

El término *Lean Management System* (en adelante, LMS) fue acuñado por John Krafcik, investigador del Massachusetts Institute of Technology (en adelante, MIT) a finales de la década de los ochenta, en su estudio sobre la metodología desarrollada por Toyota y liderada por el ingeniero de producción Taiichi Ohno. Ohno imaginó un sistema donde cada automóvil sería producido al recibir el pedido del concesionario: *made-to-order,* en un encuentro idealmente perfecto entre la oferta y la demanda, suministrador y cliente, donde nadie tendría que asumir los costes de un excesivo inventario. Con este objetivo en mente, y el más pragmático de producir coches en lotes lo más pequeños posible —tendiendo a una unidad en el futuro—, Ohno recurrió en Toyota al ingeniero de producción Shigeo Shingo para que redujese los tiempos de preparación de la producción en los procesos de estampado de metal a larga escala al máximo. De esta forma se podría realizar rápidamente un cambio de lote de producción a otro. El objetivo dado por Ohno fue de reducirlo a tres minutos, cuando el mejor fabricante de la industria necesitaba noventa minutos. Alcanzaron el objetivo, demostrando históricamente que su sistema podía gestionar las constricciones propias de la cadena de suministros en aquella época (Laseter y Oliver, 2003).

En 1945, tras la Segunda Guerra Mundial, con un Japón desbastando por la guerra, Toyota necesitó mejorar su imagen de marca internacional para competir contra los grandes gigantes americanos de la industria del automóvil y ganar participación de mercado en Estados Unidos. Ohno utilizó el libro escrito por Henry Ford, *Today and tomorrow* (Ford, 1926), para comenzar a desarrollar en 1949 los principios del LMS (Ohno, 1988) en la producción a gran escala, identificando siete desperdicios que debían ser eliminados debido a que ocultaban la mayoría de los problemas internos de ineficiencia (Ortiz, 2009):

1. *Overproduction:* el acto de producir más de lo que se necesita, antes de lo que se necesita y más rápidamente de lo que se necesita. Es el mayor desperdicio en las empresas.

2. *Overprocessing:* procesos redundantes o que se desconoce cuándo están completados.

3. *Motion:* movimientos innecesarios de los empleados en la planta. Es el segundo desperdicio más común.

4. *Waiting:* cuando los procesos de producción y operaciones no están sincronizados, los empleados y las máquinas están ociosos.

5. *Transportation:* movimientos de material innecesarios o demasiado largos. Incluye materias primas, componentes, producto en procesado y producto acabado.

6. *Inventory:* niveles excesivos de *stocks* en relación con los plazo de entrega requeridos, tanto materias primas como componentes, producto en procesado y producto acabado.

7. *Defect and rework:* errores de calidad no previstos y el consiguiente proceso necesario para repararlos.

Estos siete desperdicios no son únicos, y el sistema recomienda observar todas las actividades de la organización para detectar otros desperdicios ocultos. Charron *et al.* (2014) añaden otros dos relacionados con los empleados y la cultura organizacional:

1. *Underutilized people:* personal ocioso o mal asignado, o del que no se emplean todas sus habilidades y capacitaciones mentales, creativas, innovadoras y físicas.

2. *Employee behavior:* ineficiencias provocadas por la interacción del personal. Suele ser la raíz de la causa del resto de problemas.

Inicialmente el LMS fue visto como una serie de procesos destinados a incrementar la eficiencia de la cadena de suministros asociada a la producción: «En la literatura, *Lean* fue casi exclusivamente descrito como una serie de identificaciones de desperdicios y sus correspondientes herramientas de eliminación». Sin embargo, en la actualidad se entiende como una cultura organizacional que abarca todos los niveles jerárquicos de la empresa (Charron *et al.,* 2014) con sus propios sistemas educacionales de formación —que incluyen también a los directores del consejo de administración— y sociales dentro de la organización.

Taiichi Ohno (1988) asumió como punto de partida que «los humanos tienden a tener ideas preconcebidas sobre lo que funciona o no […], para poder llegar a soluciones nuevas debe desarrollarse una actitud *gemba* (en japonés: «En el lugar real») dispuesta a probar nuevas ideas no preconcebidas». La idea general era la de probar nuevas ideas en un entorno controlado, minimizando el riesgo, en lugar de tomar decisiones basadas en meras opiniones personales o instintivas (Coimbra, 2013).

Charron *et al.* (2014), tras un estudio de la literatura existente, llegaron a las dos siguientes definiciones como las mejores descriptivas del *Lean*:

1. Perspectiva de procesos: «Una fusión de los principios de gestión japoneses y norteamericanos enfocados en la reducción del desperdicio, inventario y tiempo de respuesta al cliente».

2. Perspectiva cultural: «Una aproximación sistemática y altamente enfocada para guiar la educación y formación del empleado en la aplicación de las prácticas del *Lean*, sus principios y filosofías a través de toda la empresa. El *Lean Management* guía y planifica la implementación y el desarrollo de la transformación individual y colectiva en la organización, mediante sus sistemas educacionales, socio-tecnológicos (sistema de creencias) y de cambio».

Las herramientas básicas del *Lean* en la perspectiva japonesa son siete (Ortiz, 2009):

1. *Kaizen:* mejora continuada.

2. *5S:* metodología para organizar, limpiar, desarrollar y mantener un entorno productivo; *sort, straighten, scrub, standardize* y *sustain.*

3. *Standard work:* establece las secuencias y métodos más eficientes, fiables y seguros para cada proceso y trabajador, así como roles y responsabilidades claros para cada empleado.

4. *Set up reduction and quick changeover:* reduce los tiempos asociados a la preparación de los cambios en producción.

5. *Kanban:* es el sistema para la reposición de material en la cadena, que incorpora paneles visuales de información y planificación, en líneas de producción, carros de material y contenedores, de forma que la información sobre los materiales y componentes requeridos fluye entre la factoría y el suministrador.

6. *Quality at the source:* delega la responsabilidad de detectar errores en la calidad al operador, en el puesto de trabajo, que colabora con el departamento de control de calidad.

7. *Total productive maintenance:* sistema preventivo de revisión y mantenimiento de toda la maquinaria, herramientas y útiles empleados,

que se delega en el operario que asume la responsabilidad como si fuera el propietario.

El LMS es un sistema que integra cuatro roles de gestión claves aplicables, independientemente de si se trata de una empresa industrial, de servicios u ONG: gestión de rendimiento, gestión de riesgo, gestión de recursos y gestión de activos, según se muestra en el gráfico 20. Un sistema *Lean* efectivo controla esas cuatro áreas y, de hecho, establece el sistema de gestión propiamente dicho: LMS (Charron *et al.*, 2014).

Gráfico 20. Los cuatro roles de gestión del LMS

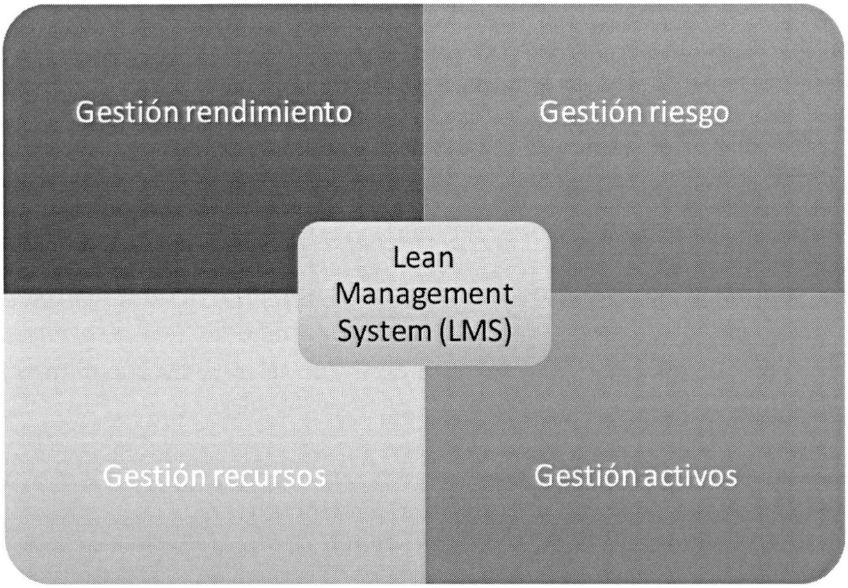

Gestión rendimiento

Gestión riesgo

Lean
Management
System (LMS)

Gestión recursos

Gestión activos

Fuente: Elaboración propia, a partir de Charron et al. (2014).

El LSM de Toyota presta igual atención a la evaluación del rendimiento y de los resultados obtenidos, generando un equilibrio entre los parámetros claves y el aprendizaje en la cadena de suministros, mediante el marco v4L, que consta de cuatro parámetros claves cuyos nombre comienzan por «v» y cuatro principios de aprendizaje (*learning,* en inglés) claves (Iyer *et al.*, 2009).

- Cuatro parámetros claves:
  - o Variedad de productos ofrecidos.
  - o Velocidad en el flujo de productos.

- Variabilidad de los resultados respecto a las previsiones.

  - Visibilidad de los procesos.

- Cuatro principios claves:

  - Crear conciencia hasta que los problemas reales y su causa de raíz no pueden ser vistos, estos no pueden ser resueltos.

  - Establecer capacitaciones en el personal para desarrollar sus habilidades para detectar y solucionar problemas.

  - Crear protocolos para la acción que estén en línea con los estándares.

  - Expandir las mejoras en todo el sistema.

  - Producir la habilidad de enseñar y de compartir el conocimiento adquirido.

Los siete principios del LMS aplicados al SCM se basan en el *kaizen,* como mejora continuada en su aplicación en los flujos *pull* (Coimbra, 2013), es decir, desde el lado de la demanda hacía el suministrador —*up-stream*—, en contraposición a los sistemas *push* donde la oferta trata de encontrar la demanda suficiente para colocar los productos producidos.

1. La calidad es lo primero.

2. Orientación al *gemba,* análisis y acción en el lugar real.

3. Eliminación de cualquier desperdicio.

4. Desarrollo de personal.

5. Estándares visuales.

6. Procesos y resultados.

7. Orientación a la demanda *(pull-flow thinking).*

Si bien se encuentran algunos antecedentes en Estados Unidos sobre el LMS, tales como el *Ford Lean System* (Ford, 2005), el Círculo de Deming (PDCA Cycle) o el Training Within the Industry (TWI) desarrollados tras la Segunda Guerra Mundial, el *kaizen* debe ser considerado como producto de la historia japonesa y sus circunstancias, que es una cultura organizacional, no una cultura nacional, contrariamente a lo que se cree fuera de Japón. La mayoría de empresas japonesas no tienen un cultura *kaizen* y demuestran serias dificultades para implantar las distintas herramientas del *Lean* por carecer de ella (Miller *et al.,* 2013).

Hoy en día son numerosas las compañías que han implementado un sistema LMS en la gestión de las cadenas de suministro, operaciones y producción a gran escala, en algunas de sus perspectivas más comunes: la americana —*Ford Lean System*— o la japonesa —*Toyota Lean System*—.

4.1.3. Modelo de volumen variable y demanda imprevisible: Lean & Agile

El modelo *Lean & Agile* propuesto por Christopher (2011) nace como la extensión del LMS ante la necesidad de conseguir una mayor agilidad en la cadena de suministros debido a que los ciclos tecnológicos y de producto se están acortando, a la vez que la volatilidad e imprevisibilidad de la demanda es cada vez mayor.

El concepto de agilidad como estrategia de negocio fue introducido por Dove en 1996, como la capacidad de la organización de gestionar los continuos cambios en entornos de negocios imprevisibles. Las empresas ágiles diseñan su organización, procesos y productos de forma que puedan responder rápida y adecuadamente a los cambios. Naylor *et al.* redefinieron el concepto enfocándolo en la agilidad de las cadenas de suministro (Baramichai y Zimmers, 2007).

Según Naylor *et al.,* la agilidad representa la capacidad de la cadena de suministros de satisfacer rápidamente los cambios de la demanda de forma eficiente (Christopher y Towill, 2001). Se añade una nueva variable competitiva: el tiempo de espera o el tiempo de respuesta a los cambios que se gestiona mediante inventarios estratégicos en los eslabones críticos de la cadena de suministros y modularización de los componentes para un posensamblado (Basu y Wright, 2010). Esta rápida respuesta debe cubrir a la vez cambios en la demanda respecto a volumen y variedad.

La definición de Naylor *et al.* de la capacidad del enfoque *Lean* reside en desarrollar una corriente de valor para eliminar todo desperdicio, incluyendo tiempo, y permitiendo una planificación suave —sin brusquedades— (Christopher y Towill, 2001). La cadenas de suministro basadas exclusivamente en un enfoque *Lean* —que hemos descrito anteriormente—, basadas en *Just-in-Time,* eliminación de inventarios, mejora continuada y minimización de costes, son incapaces de responder a cambios imprevistos en la demanda o en los suministradores en un contexto global con constantes cambios (Christopher, 2000). Las cadenas de suministro más eficientes enfocadas en producción masiva, frecuentemente se vuelven *incompetitivas,* debido a que no se adaptan a los cambios bruscos estructurales de los mercados (Lee, 2004). Fisher ofreció en 1997 un modelo similar desde el punto de vista de una cadena de suministros sensible a los cambios de la demanda —mercado— o flexibilidad, en contraposición con la inflexibilidad del modelo *Lean.* Se entiende por *market sensibility,* o sensibilidad de mercado, la capacidad de la cadena de suministros de cubrir la demanda real. Esto implica una elevada flexibilidad en la producción y a la vez una gran capacidad de anticiparse a los cambios de tendencias en la demanda. Esta visibilidad de la demanda puede conseguirse con modelos de SCM como el CPFR y la utilización de sistemas analíticos IT que aporten información directa del cliente (ERP, CRM, redes sociales…) y sus hábitos de consumo (Basu y Wright, 2010).

Aunque los modelos *Lean y Agile* pueden ser considerados como paradigmas diferentes, por la contraposición de los conceptos «robusto» y «ágil», el modelo *Agile* puede entenderse como una extensión del modelo LSM para ser aplicado en mercados de gran incerteza en la predicción de la demanda, donde las posibilidades de una elevada estandarización de procesos son limitadas. Este tiene como objetivo satisfacer eficiente y rápidamente los cambios de la demanda en cuanto a variaciones bruscas del volumen de producción, variedad requerida en la cartera de producto y variabilidad de la demanda de estos productos, siendo un modelo que busca dar rápidas respuestas a los cambios impredecibles del mercado (Christopher, 2011).

En el gráfico 21 se muestran los contextos en donde ambos paradigmas (*Lean & Agile*) ofrecen mejores resultados según las escalas de producción y variabilidad de la demanda. *Lean* funciona mejor en grandes economías de escala, con elevados volúmenes de producción y entornos de negocio muy predecibles. *Agile* es más eficiente, e incluso necesario, en entornos poco predecibles y donde la variedad de productos similares que el consumidor puede escoger es grande.

Gráfico 21. Selección del modelo Lean o Agile en función del volumen de producción y la demanda

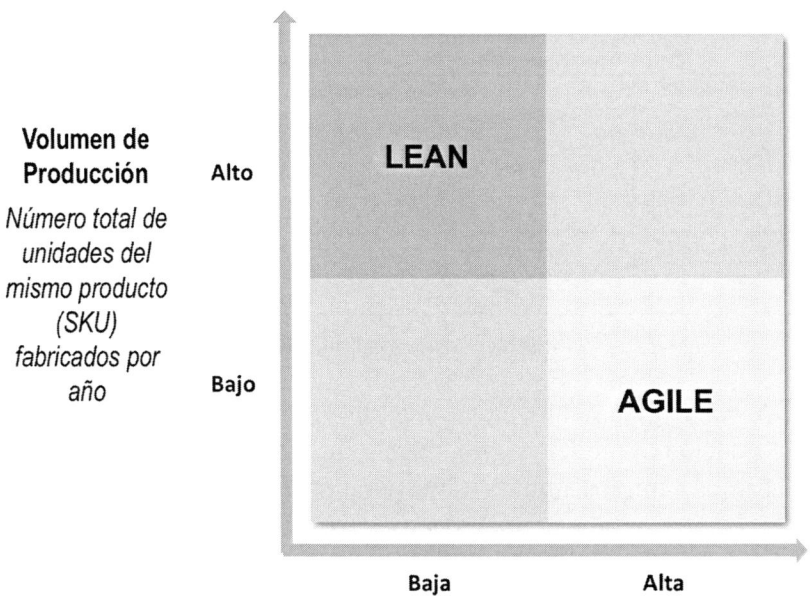

Fuente: Elaboración propia, a partir de Christopher (2011).

Las características principales de una cadena de suministros ágil son cuatro: (1) debe ser tener una alta sensibilidad a las variaciones de mercado, (2) debe estar basada en redes de suministradores, (3) tiene los procesos alineados y (4) es virtual —en referencia a la utilización intensiva de sistemas IT— (Christopher, 2000).

Mason-Jons *et al.* en 2000 y posteriormente Fisher en 2005 detallaron las características de una eficiente cadena de suministros en función del modelo escogido: *Lean* o *Agile* (Konecka, 2010), las cuales Basu y Wright (2010) resumieron categorizándolas entre objetivos, características de los procesos y características de los productos (tabla 6).

Tabla 6. Características principales de los modelos Lean y Agile

	Lean	*Agile*
Objetivos	• Bajo coste • Alta utilización • Mínimo *stock*	• Respuesta rápida • *Buffer* de capacidad • Inventario desplegado
Características procesos	• Eliminación de residuos *(waste)* • Flujo de residuos • Alto nivel de eficiencia • Garantía de calidad	• Flexibilidad • Sensibilidad al mercado • Red virtual • *Postponement* (aplazamiento ensamblaje final) • Principios *Lean* seleccionados
Características productos	• Funcionalidad productos • Baja variedad • Bajo margen beneficio	• Productos innovadores • Alta variedad • Alto margen

Fuente: Basu y Wright (2010).

Según Lee (2004) las compañías tenderán a utilizar cada vez más una mayor aproximación al modelo *Agile*, puesto que la cadena de suministros debe responder a los cambios súbitos e inesperados en los mercados. Por tanto, la agilidad es crítica, debido a que en la mayoría de las industrias globales tanto la demanda como los mercados fluctúan más rápida y ampliamente que con anterioridad. Si bien las compañías tratan de incrementar la velocidad de la cadena de suministros incrementando costes —incurridos por acortar tiempos de espera y de respuesta— y acumular mayor inventario considerado estratégico al final de la cadena, debe tenerse en cuenta que el modelo *Agile* solo puede ser considerado como tal cuando su rendimiento es rápido y eficiente en costes a la vez. Lo que significa tener un conocimiento constante del mercado y una corporación virtual para explotar las oportunidades en mercados cada vez más volátiles (Mason-Jones, *et al.*, 2000).

Los modelos *Lean y Agile* son a la vez opuestos y complementarios, por lo que algunas empresas optan por utilizar un modelo híbrido (Christopher y Towill, 2002) con una combinación de ambos (gráfico 22). Un único modelo o solución no puede cubrir los requerimientos estratégicos de la empresa debido a la complejidad de carteras de producto y variedad de clientes objetivos, por lo que es clave identificar las soluciones requeridas para cada circunstancia, comenzando por la caracterización de la demanda y los suministradores, los dos extremos de la cadena de suministros o cadena de valor (Christopher, 2011). La clasificación del modelo híbrido puede realizarse de acuerdo con los productos, el tipo de la demanda (en inglés: *postponement*), la modularización en la parte final del ciclo productivo manteniendo un inventario preensamblado hasta completar el producto según la demanda real (Konecka, 2010).

Gráfico 22. Selección del modelo Lean o Agile de las características de los suministradores y la demanda

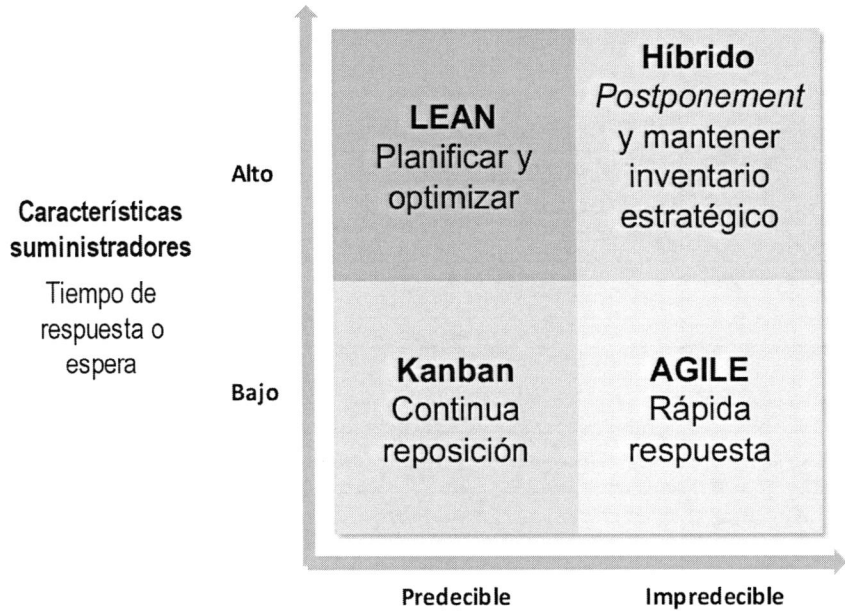

Fuente: Elaboración propia, a partir de Christopher (2011).

El desarrollo de estrategias de SCM basadas en los modelos *Lean* y *Agile* debe hacerse considerando una serie de atributos claves: demanda, productos, costes, desperdicio, calidad, coste, integración de la red de valor, integración virtual, sistemas de información bimodales, concepto de producto, especificaciones de calidad, marco legal y capacidad de gestionar riesgo —de la incertidumbre—, tal como se muestra en la tabla relacionándolos con el riesgo a gestionar (Konecka, 2010). A mayor probabilidad de riesgo de cambio, mayor preferencia de utilización del modelo *Agile*. Con riesgos moderados la utilización del modelo tradicional o del híbrido (*Leagil* en la tabla 7) dependerá principalmente del enfoque al cliente y de la participación de mercado, mientras que el modelo *Lean* requiere estabilidad y predictibilidad tal como se ha relatado, es decir, baja probabilidad de riesgo de cambio.

Tabla 7. Atributos principales de los modelos SCM tradicional, Lean, Agile e híbrido

Cadena suministros / Atributos	Tradicional	Lean	Agile	Leagile
Demanda	Impredecible	Predecible	Inestable (ondulante)	Inestable e impredecible
Productos	Estándar	Funcional	Personalizados	personalizados
El mayor coste participado en la cadena de suministros	Costes físicos y comercialización	Costes físicos	Costes comercialización	Costes físicos y comercialización
Eliminación de residuos *(waste)*	Prioridad baja	Básica	Deseable	Arbitraria
Calidad	*Market-Winners*	*Market-Qualifiers*	*Market-Qualifiers*	*Market-Qualifiers*
Coste	*Market-Winners* en coste	*Market-Winners*	*Market-Qualifiers*	*Market-Winners*
Integración de la red	Inexistentes	Deseable	Necesario	Obligatorio
Integración virtual	Prioridad baja	Deseable	Necesario	Obligatorio
Información desacoplada	Inexistentes	beneficioso	Necesario	Deseable
Postponement	Inexistentes	No requerido	Necesario	Deseable
Concepto producto	Fabricante (oferta)	Fabricante (oferta)	Fabricante (oferta) y consumidor (demanda)	Fabricante (oferta) y consumidor (demanda)
Métricas de calidad	Porcentaje de productos defectuosos	Porcentaje de productos defectuosos	Satisfacción cliente	Satisfacción cliente
Sanciones legales a suministradores	Mínimas	Incluidas en contratos a largo placo	Pedido perdido	Pedido perdido
La habilidad de amortiguar riesgos en la cadena de suministros	Moderada	Baja	Alta	Moderada

Fuente: Citado en Faisat, Banwet y Shankar (2006) de Konecka (2010).

El éxito de una combinación de *Lean* y *Agile* reside en la gestión del llamado «punto de desacoplo» (Mason-Jones y Towil, 1999), que representa el punto de la cadena más cercano al cliente en la cadena de suministros, desde donde comienza la aplicación del modelo *Agile*; mientras que se mantiene la gestión del LMS en la parte de la cadena de suministros entre los proveedores y ese punto de desacoplo. Es el punto de transición donde la información real de la demanda fluye *up-stream,* de forma que no distorsione las políticas de inventario y de gestión de pedidos a proveedores (Christopher y Towill, 2001). En ese punto reside el inventario estratégico que se utiliza como amortiguador para balancear la demanda real y la planificación realizada, de forma que tanto la producción como el aprovisionamiento se realicen de la forma más suave posible.

Christopher y Towill (2001) afirman que en una combinación de *Lean* y *Agile*, el modelo *Agile* tenderá a tener mayor peso específico debido a la creciente volatilidad de los mercados globales:

> Cada vez es más evidente que la ventaja competitiva se deriva de las capacidades combinadas de la red de organizaciones vinculadas que hoy llamamos «la cadena de suministros». Este es un cambio fundamental en la perspectiva tradicional del modelo basado en una sola empresa. También se ha hecho evidente que los mercados de hoy en día son cada vez más volátiles y por lo tanto menos predecibles, por lo que la necesidad de una respuesta más ágil ha crecido. Combinar estas dos ideas nos lleva a la conclusión de que un prerrequisito para el éxito en estos mercados cada vez más volátiles será una cadena de suministros cada vez más ágil.

4.1.4. Modelo orientado al mercado: Market-Winners & Market-Qualifiers

Hill (1993 y 1999) introdujo en 1989 los términos *Order-Winner* y *Order-Qualifier* como una interfaz entre el *marketing* y las operaciones. *Order-Winner* es el factor crítico competitivo que diferencia los productos o servicios de una firma de otros y que hacen que el cliente elija preferentemente ese productos o servicio, haciéndolo líder de mercado. *Order-Qualifier* contempla las características competitivas básicas que una firma o producto deben tener para ser un competidor viable en su mercado (Chase *et al.*, 2004).

Con la premisa de que son las cadenas de suministros las que compiten en el mercado, no las empresas (Christopher, 1992), el éxito o el fracaso de las cadenas de suministros se determina en el mercado y por los consumidores finales que desean obtener el producto adecuado, en el lugar adecuado, en el momento adecuado y al precio adecuado. Por lo tanto, saber cómo satisfacer al cliente y cuáles son las reglas del mercado son claves para sobrevivir, y la cadena de suministros debe estar diseñada estratégicamente para que satisfaga la demanda a la vez que optimiza el coste mejorando la satisfacción del cliente (Mason-Jones, *et al.*, 2000).

Una cadena de suministros *Market-Winner* es aquella que lidera el mercado al poseer la ventaja competitiva dada por alguno o varios de los factores críticos competitivo (QSTC) respecto a sus competidores y que satisfaga las expectativas de sus clientes. El concepto clave es que para ser realmente competitiva una cadena de suministros no solo debe diseñar la estrategia de producción u operaciones más adecuada, sino una estrategia holística en la cadena de suministros (Christopher y Towill, 2001). Cadenas de suministros *Market-Qualifiers* son aquellas que demuestran tener las competencias entre los factores críticos de éxito QSCT que les permiten desarrollar su actividad en el mercado, sin ser consideradas por los clientes como la opción predilecta.

La naturaleza del modelo *Market-Winners* & *Market-Qualifiers* es dinámica y cambiante, ya que los requerimientos de los clientes y los mercados evolucionan y cambian, por lo que las empresas deben tener un excelente conocimiento de sus clientes y mercados para diseñar y gestionar sus cadenas de suministro o red de valor, de forma que representen una ventaja competitiva (Christopher y Towill, 2001). Y es intrínseco a la naturaleza de la competición que el *Market-Winner* en un periodo de tiempo dado tienda a ser reemplazado por el mejor *Market-Qualifier* en el siguiente periodo (Johannson *et al.*, 1993).

4.1.5. Matriz Lean & Agile y Market-Winners & Market-Qualifiers

Como hemos visto con anterioridad, las organizaciones persiguen beneficiarse de la ventaja competitiva obtenida por la combinación adecuada entre los modelos *Lean* y *Agile*, ya que no deben ser considerados como enfoques excluyentes (Christopher y Towill, 2002). Las cadenas de suministro deben adoptar estrategias que busquen a la vez satisfacer al cliente y competir en el mercado.

El paradigma del LMS ha demostrado su eficiencia en muchos mercados, por ejemplo en el del automóvil o en el de la construcción, en los que el factor crítico competitivo del mercado u *Order-Winner* es el coste (Christopher y Towill, 2002), y donde una planificación consistente y la eliminación de desperdicios (Ohno, 1988) en las cadenas de suministros para la reducción de costes es clave. Sin embargo, cuando servicio y mejora del valor del cliente también son primordiales para mantener un aposición *Market-Winner*, se añade una dimensión crítica: la agilidad (Christopher y Towill, 2001).

En el gráfico 23 se muestra la matriz de combinación de los modelos *Lean* y *Agile*, *Market-Winners* y *Market-Qualifiers* y los factores competitivos críticos QSCT más comunes en cada cuadrante (calidad, servicio, coste y tiempo), y que representan las prácticas reales de las cadenas de suministros en el mundo actual. Reduciendo los riesgos inherentes a la aplicación exclusiva de un modelo, mediante la combinación de las proporciones de otros, enfoca la estrategia de la cadena de suministros a tener que gestionar exclusivamente los riesgos provenientes del mercado; principalmente la incerteza en la demanda

(Mason-Jones, *et al.,* 2000). La disponibilidad de producto —servicio— es el factor competitivo crítico en una cadena de sumisitos *Agile* y *Market-Winner*, mientras que coste lo es en una cadena de suministros *Lean* (Christopher y Towill, 2002). Por eliminación, los factores claves en una cadena de suministros *Agile* y *Market-Qualifier* son calidad, coste y tiempo de entrega, mientas que en una cadena *Lean* serían calidad, tiempo de entrega y nivel de servicio.

Gráfico 23. Matriz Lean & Agile y Market-Winners & Market-Qualifiers

Fuente: Elaboración propia, a partir de Mason-Jones *et al.* (2000) y Christopher y Towill (2002).

Los paradigmas *Lean*, *Agile* e *Hybrid Lean* y *Agile* permiten alinear las estrategias del SCM según las características de cada mercado y la posición de la compañía con respecto a sus competidores, con la condición de que el diseño de las cadenas de suministros, sus procesos, su planificación y su gestión minimicen los riesgos del propio sistema (Mason-Jones, *et al.,* 2000).

5. Corrientes de estudio del SCM

Giunipero y Brand (1996) reunieron las diferentes perspectivas del estudio del SCM según numerosos autores y las agruparon en tres categorías troncales que conforman las corrientes de estudio actuales. La primera se basa en la gestión de los flujos de materiales y productos configurando un canal. La segunda incorpora además la gestión de flujos de información y la optimización de toda la cadena de suministros. Y la tercera, relacional y holística, comporta la integración del valor añadido que aportan otras funciones en la organización.

1. Aproximación a los flujos de productos y materiales: «SCM representa el flujo total de los productos desde el proveedor hasta el usuario final y une cada elemento de la producción y de los suministros en un canal».

2. Gestión transaccional de los flujos de productos e información: «filosofía integradora, gestionada y analizada para conseguir los mejores resultado para todo el sistema. Incluye flujos de información así como flujos físicos».

3. Aproximación integradora del valor añadido: «incluye todos los procesos desde aprovisionamiento, valor añadido y actividades de *marketing* de las firmas hasta el cliente final y asegurándose que estas iniciativas proveen el mejor valor añadido para el consumidor. Se concentra en relaciones en comparación con transacciones».

Mentzer *et al.* (2001) y Stock y Boyer (2009). agruparon en tres categorías clasificatorias las diferentes perspectivas del SCM de más elevado nivel estratégico a menor: (1) filosofía de gestión, (2) implementación de la filosofía de gestión y (3) procesos de gestión.

5.1. Perspectivas *supply chain orientation* y *supply chain management*

Mentzer *et al*. (2001), en el análisis de la literatura académica, concluyeron que los estudios anteriores trataban de definir con un mismo término — SCM— dos conceptos diferentes, abriendo dos líneas de estudio: la sistemática del enfoque *supply chain orientation* (en adelante, SCO) y la orientación extendida a toda le red del SCM.

El enfoque SCO representaría la visión estratégica de la cadena de suministros con una perspectiva de sistema que gestiona flujos y actividades de la cadena de suministros, y es reconocida como «una organización sistemática de las implicaciones estratégicas de las actividades tácticas al gestionar los diferentes flujos de la cadena de suministros» (Mentzer *et al.*, 2001). En una fase previa a esta visión, la compañía tendría una visión única o endogámica. Es decir, tendría una orientación interna a la gestión eficiente y eficaz de la cadena de suministros, pero miembros externos a la compañía podrían no compartir esa misma visión. La implementación del SCO requiere que otras compañías miembros de la cadena de suministros compartan con la compañía principal una visión común de los sistemas, procesos y estrategia. Estos miembros compartirían sistema y objetivos estratégicos, pero se centrarían en las relaciones con sus eslabones adyacentes, por lo que no se puede decir que tengan una orientación transversal y bidireccional en cuanto a los flujos: *up-stream* y *down-stream*. Compartirían una filosofía común del SCM con unos objetivos comunes al sistema que conforman los miembros.

El SCM, para Mentzer *et al.* (2001), requiere una orientación a la filosofía del SCM, con una visión total extendida a toda la red. «Las compañías que implementan el SCM deben implementar primero la SCO a través de toda la cadena» (Mentzer *et al.*, 2001). En la implementación del SCM es imprescindible que todos los miembros de la cadena que forman parte de un eslabón, es decir, son clientes y proveedores a la vez, tengan una orientación al SCM. Con excepción del primer suministrador y el cliente final, que se sitúan a los extremos. Puesto que el primer suministrador solamente se enfoca en su cliente —el primero de la cadena de suministros—, y el cliente final en su proveedor, no puede decirse que ellos tengan una orientación *up-stream* o *down-stream*.

Mentzer *et al.* (2001) consideran que las relaciones que se establecen en el SCM deben ser a largo plazo, ya que requieren una considerable coordinación estratégica, y por tanto compartir una visión a largo plazo. Examinaron los antecedentes del SCM a un nivel estratégics en tres estados de maduración, que se muestran en el gráfico 24: (1) intra-compañía: la compañía contempla el SCM de forma interna; (2) inter-compañías, SCO en la que los eslabones adyacentes de la cadena de suministros comparten una visión estratégica y sistemática y (3) SCM, extendido a toda la cadena de suministros con una visión estratégica a largo plazo, persiguiendo los objetivos de reducir costes, mejorar la satisfacción del cliente y alcanzar una ventaja competitiva (gráfico 24).

Gráfico 24. Antecedentes del SCM y consecuencias

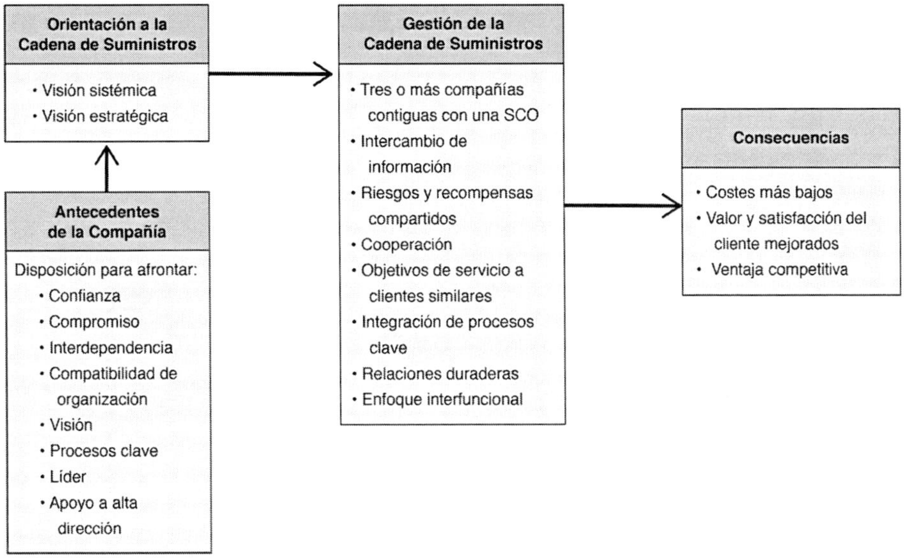

Orientación a la Cadena de Suministros	Gestión de la Cadena de Suministros	Consecuencias
· Visión sistémica · Visión estratégica	· Tres o más compañías contiguas con una SCO · Intercambio de información · Riesgos y recompensas compartidos · Cooperación · Objetivos de servicio a clientes similares · Integración de procesos clave · Relaciones duraderas · Enfoque interfuncional	· Costes más bajos · Valor y satisfacción del cliente mejorados · Ventaja competitiva

Antecedentes de la Compañía

Disposición para afrontar:
· Confianza
· Compromiso
· Interdependencia
· Compatibilidad de organización
· Visión
· Procesos clave
· Líder
· Apoyo a alta dirección

Fuente: Mentzer *et al.* (2001).

5.2. Perspectiva emergente *digital Value Net*

Como extensión a las etapas de implementación del SCO y SCM propuestas por Mentzer *et al.* (2001), añadiendo otra fase de maduración de las empresas y considerando la gestión de la cadena de valor como función estratégica de SCM, «la cadena de suministros se ha convertido en la cadena de valor» (Christopher, 2011) en la economía digital de internet. Bovet y Martha (2000) introdujeron la perspectiva de la red de valor *(value net)*. Existen antecedentes en la perspectiva de «aproximación integradora del valor añadido» de Giunipero y Brand (1996) y en el modelo *Value Net* desarrollado por Brandenburger y Nalebuff (1996), que identificaba a los actores claves en el ecosistema de negocio de la compañía, que orbitan a esta y por tanto elementos a ser considerados en las decisiones estratégicas: clientes, suministradores, «complementadores» (*complementators*) y competidores. La estructura relacional es similar a la presentada por Porter en 1980 (Porter, 2009) en su modelo 5 fuerzas, situando estos antecedentes a la compañía en el centro y los cuatro actores principales alrededor de ella.

El enfoque del modelo *Value Net* afirma que las compañías que implementan valor en su red de suministros son frecuentemente las mejores de su industria. «El diseño de redes de valor combina la visión estratégica de la cadena de valor y los recientes avances en SCM» (Bovet y Martha, 2000). El emergente modelo de negocio basado en internet utiliza y perfecciona el modelo de *Value Net,* aunque muchas compañías no sean realmente conscientes de ello cuando gestionan los exigentes requisitos de sus clientes en línea con una cadena de suministros altamente flexible y una producción competitiva en costes. Utilizan la información digital de forma rápida, superando las costosas redes de distribución.

El modelo *Value Net* del gráfico 25 introduce una nueva forma de diseño de negocio en torno a un excelente rendimiento de la cadena de suministros orbitando alrededor del cliente y utilizando la mayor cantidad posible de recursos digitales en el campo del comercio electrónico para añadir valor.

> Las compañías que crean una red de valor posicionan en un círculo concéntrico al cliente. Controlan los puntos de contacto con el cliente accediendo a información sobre el mismo, cultivando la relación con él y gestionando su satisfacción a través de un servicio digital integrado de soporte al cliente. Al mismo tiempo, gestionan su red de proveedores para asegurar una entrega de pedidos rápida y efectiva en costes. El círculo exterior representa la constelación de proveedores que ejecutan algunas de las actividades (Bovet y Martha, 2000).

Gráfico 25. Red de valor centrada en clientes y en los ecosistemas de negocios con proveedores

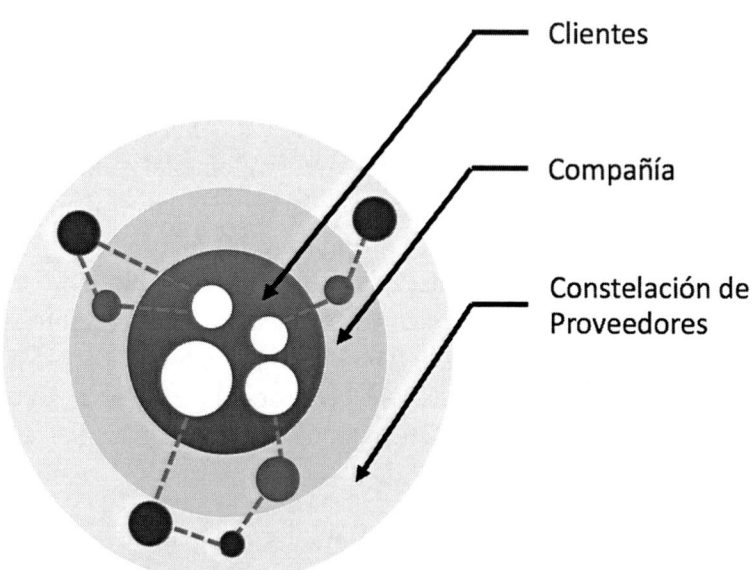

Fuente: Elaboración propia, a partir de Bovet y Martha (2000).

98

El modelo *Value Net* es aplicable a cualquier sector y genera ventas altamente rentables por la mejora de las capacidades operacionales en el suministro de servicios y soluciones, a la vez que mejora radicalmente la competitividad por costes de la compañía mediante la reducción de inventario (debido a la precisa información recibida de la demanda y la gestión de los proveedores, reduce la complejidad del producto, estandariza los componentes y se orienta a la fabricación bajo pedido), genera procesos extremadamente eficientes y crea una habilidad para gestionar crecimientos rápidos minimizando a la vez el fondo de maniobra y las inversiones en activos fijos necesarios. Sus cinco características principales (tabla 8) son que está alineada con el cliente, es colaborativa y sistemática, ágil y escalable, tiene flujos rápidos y es digital (Bovet y Martha, 2000).

Tabla 8. Características de la red de valor en el modelo Value Net vs. la cadena de suministros tradicional

Cadena de suministros tradicional	Red de valor (*Value Net*)
Secuencial	No secuencial
Rígida, inflexible	Ágil, escalable
Manufactura productos y los empuja a través de los canales de distribución con la esperanza de que alguien los compre	Comienza en los clientes, les permite diseñar ellos mismos los productos y construye para satisfacer la actual demanda
Táctica, y su misión primaria es la eficiencia en costes a un nivel de servicio aceptable	Es estratégica. Busca soluciones más allá de las viejas limitaciones
Persigue satisfacer la demanda con una línea de producto fija, relativamente indiferenciada, «una talla para cubrir todas las medidas» y «un servicio medio para clientes»	Contempla cada cliente como único. Permite a los clientes elegir entre los atributos del producto o servicio que más aprecian y mayor valor les aporta
Estructura lineal	Estructura en red
Autónoma: los miembros de la cadena de suministros actúan de forma independiente. Unos tratan de satisfacer otros	Colaborativa: los miembros de la red colaboran entre ellos con un objetivo común: satisfacer el cliente y la demanda actual
Lenta y estática	Rápida y dinámica

Fuente: Elaboración propia, a partir de Bovet y Martha (2000).

El cambio en el paradigma digital y la generación de valor en toda la red colaborativa de suministro centrada en el cliente conlleva una migración de valor desde las compañías que permanecen atadas al modelo no digital, que es capturado por las compañías que gestionan modelos digitales en su cadena de suministros. Esta migración de valor se debe a una creciente exigencia en las demandas de los consumidores, a la digitalización de los flujos de información y comunicación con los clientes, a la presión de los competidores que operan bajo el nuevo paradigma y a los efectos de la globalización de la economía, lo que conlleva una reinvención continua del diseño de negocio y las redes de valor de suministro (gráfico 26) (Bovet y Martha, 2000).

Gráfico 26. Migración de valor entre empresas estancadas y las que gestionan modelos Value Net

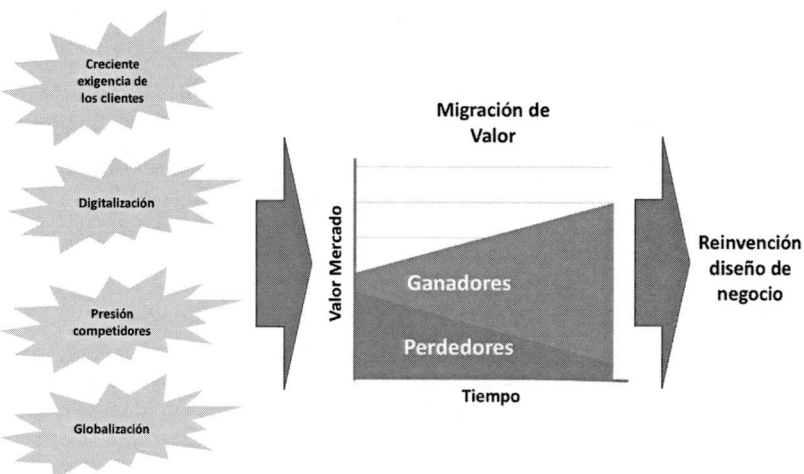

Fuente: Elaboración propia, a partir de Bovet y Martha (2000).

6. Objetivos corporativo-financieros del SCM: rendimiento y gestión de riesgo

Los sistemas de evaluación del rendimiento en las empresas permiten a estas traducir sus estrategia globales en acciones locales (Najmi *et al.,* 2005), dirigen el alineamiento estratégico y su ejecución (Kaplan y Norton, 1996), proporcionan *feedback* a la organización y sirven como mecanismos de aprendizaje (Neely y Najjar, 2006). Morita y Flynn (1997) describen la relación entre las mejores prácticas de las empresas y las métricas de evaluación correctamente seleccionadas. Mentser y Konrad (1991) definen la evaluación del rendimiento como la efectividad y eficiencia en el cumplimiento de una tarea dada en relación a cómo ha sido conseguido el objetivo. Harrington (1991) afirma que «si no puedes medirlo, no puedes controlarlo. Si no puedes controlarlo, no puedes gestionarlo. Si no lo gestionas, no puedes mejorarlo». La evaluación del rendimiento puede ser utilizada para identificar áreas problemáticas que requieran especial atención (Council of Supply Chain Management Professionals, Gibson *et al.,* 2013). Siendo el primer paso para mejorar el rendimiento de la cadena de suministros el de seleccionar las medidas apropiadas de evaluación y las métricas teniendo en consideración los objetivos generales de la organización (Gunasekaran y Kobu, 2007).

Según Gunasekaran y Kobu (2007) y Lai *et al.* (2002), la globalización de los mercados ha impulsado el desarrollo de nuevas perspectivas en la forma de gestionar las funciones de la empresa, incluyendo *marketing,* diseño de productos, ingeniería, producción, finanzas, contabilidad y gestión de recursos humanos. Estas nuevas perspectivas requieren innovadoras herramientas que permitan evaluar cómo se utilizan los recursos disponibles y los resultados obtenidos en un entorno que se caracteriza por las cadenas de suministros globales y las operaciones físicamente distribuidas mundialmente.

En muchos casos, los responsables de la gestión de la cadena de suministros no están familiarizados con los factores críticos de éxito de la estrategia de negocio o con cómo el rendimiento de la cadena de suministros afecta a estos factores, por lo que les resulta difícil demostrar el impacto estratégico de una cadena de suministros gestionada de forma efectiva. Por otro lado, estos gestores, en muchas ocasiones, están frustrados por la falta de comprensión y apoyo por parte de los altos ejecutivos en la conexión del rendimiento de la cadena de suministros y las métricas corporativas financieras que los altos ejecutivos tienen en mente. Esta conexión es crítica en cuanto que las estrategias corporativas y de cadena de suministros deben estar alienadas. Los gestores de la cadena de suministros deben tener la habilidad de ver la firma de una forma holística con una comprensión clara de las conexiones entre las funciones y la capacidad de relacionar las iniciativas en la cadena de suministros con el crecimiento y rentabilidad de la empresa (Presutti y Mawhinmey, 2007) (gráfico 27).

Gráfico 27. Relaciones entre estrategias y métricas corporativas con el rendimiento de la cadena de suministros

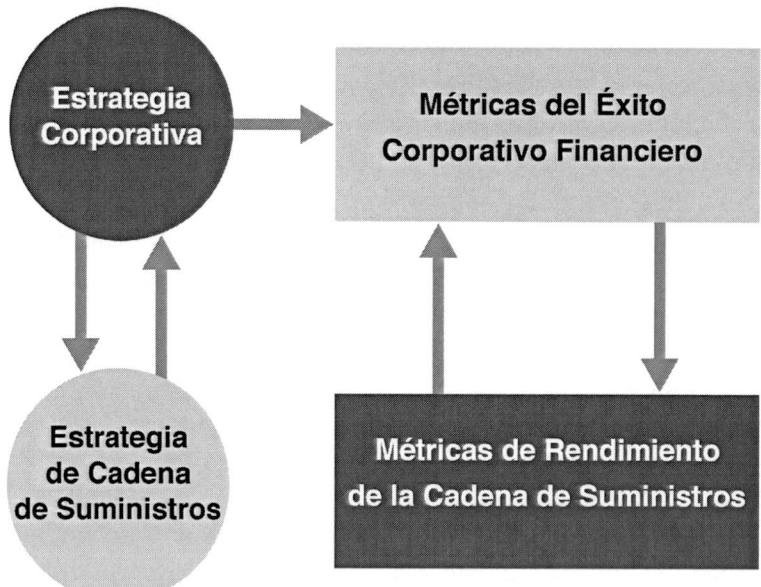

Fuente: Presutti y Mawhinmey (2007).

Revisando la literatura actual se comprueba que existe un número limitado de artículos que tratan sobre las medidas de rendimiento y sus métricas en el SCM; existe una necesidad de disponer de nuevas métricas que permitan evaluar el rendimiento en los nuevos contextos globales, cambiantes y de creciente incertidumbre (Gunasekaran y Kobu, 2007), lo que implica mayores y desconocidos riesgos.

Entendemos «riesgo» como una «contingencia o proximidad de un daño, existiendo diversos riesgos que potencialmente pueden afectar al rendimiento de la empresa y a su cadena de valor:

- Riesgo de crédito, derivado de la falta de devolución en plazo de los créditos concedidos a clientes.

- Riesgo de interés, como consecuencia de la subida de tipos de interés.

- Riesgo de mercado, como la incertidumbre derivada de los cambios que se producen en el mercado y que pueden alterar los tipos de interés, cambio o precios de mercado.

- Riesgo de reinversión de los rendimientos futuros de la inversión realizada.

- Riesgo específico, por concentración de inversiones o actividades.

- Riesgo operativo sufrido por una empresa ante la posibilidad de fallos en su propio funcionamiento.

- Riesgo país, debido a los factores políticos y estructurales de operar en determinado país.

- Riesgo sistemático, asociado a las fluctuaciones de los mercados de activos que no pueden reducirse mediante diversificación.

En el «MIT Forum for Supply Chain Innovation, Making the right risk decisions to strengthen operations performance» (MIT, 2013*b*), se comprobó en una muestra de 209 empresas que las cadenas de suministro son muy vulnerables a los cambios del entorno y contexto, afirmando que los indicadores financieros suelen caer un 3 % o más cuando se produce una disrupción en sus cadenas de suministro. Sin embargo, un 60 % de las empresas encuestadas apenas dedican una atención marginal a la gestión del riesgo en las cadenas de suministro.

Naslund y Williamson (2010) en su estudio de la literatura sobre la sostenibilidad del SCM destacaron como los más relevantes tres criterios generales de rendimiento: (1) económico, (2) social y (3) medioambiental, definidos por Carter y Rogers (2008). En el gráfico 28 se muestra este modelo conceptual, citado por Naslund y Williamson (2010) con los tres factores críticos para el rendimiento a largo plazo de la cadena de suministros de la empresa. Disgregaron el económico en tres apartados de gestión: plan de contingencia —acciones que llevar a cabo por la empresa—, disrupciones de suministros por proveedores —acciones exteriores con los suministradores— y cadenas de suministros a clientes —acciones con las cadenas de distribución a clientes—.

Gráfico 28. Modelo conceptual de SCM sostenible

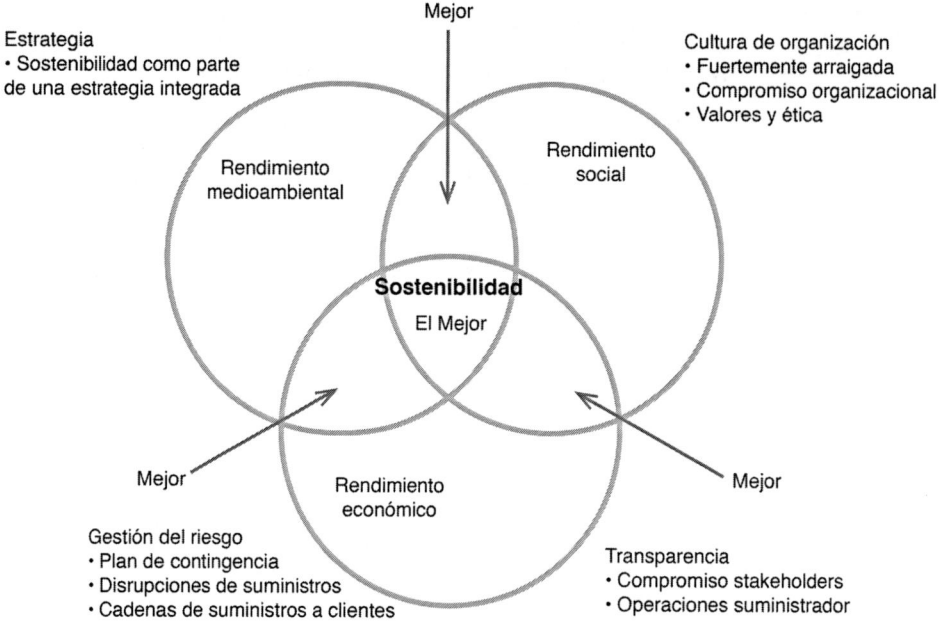

Fuente: Naslund y Williamson (2010) de Carter y Rogers (2008).

6.1. Rendimiento corporativo financiero asociado al *supply chain management*

La mayoría de negocios y empresas se constituyen al principio en sociedades anónimas y se organizan de forma corporativa, de forma que las acciones de la empresa puedan ser adquiridas por un grupo reducido de accionistas. Con la maduración de la empresa y la necesidad de capital de inversión, estas corporaciones se transforman en sociedades públicas cotizadas en bolsa. En esta separación entre propiedad y dirección tienen grandes ventajas y también inconvenientes por los costes de agencia. Los accionistas son los principales y los directivos, los agentes. Los accionistas quieren que se incremente el valor de la empresa, pero los directivos pueden tener sus propios intereses. Los problemas entre principales-accionistas y agentes-directivos podrían ser fáciles de analizar y resolver si ambos grupos tuvieran la misma información, sin embargo, una información veraz puede tardar en llegar a los accionistas incluso con años de retraso. El primer problema que se encuentran los accionistas para analizar el resultado y potencialidad de su inversión es cómo valorar los activos y el riesgo (Brealey y Myers, 2003).

Por ello, existe un creciente interés por la evaluación del rendimiento tanto en los ámbitos empresariales como en los académicos, debido especialmente a la creciente complejidad y presión de la competencia en entornos globales en los que el *Lean Management* se considera un paradigma de operaciones mundiales (De Toni y Tonchia, 2001). Durante los últimos años, los artículos aparecidos en publicaciones tanto académicas como de negocios han intentado evaluar el impacto del SCM en el rendimiento corporativo financiero; desde una perspectiva genérica, midiendo el impacto del SCM en el *cash flow* de la empresa o, desde otra más específica, como el impacto de las operaciones *Just-in-Time* en el rendimiento financiero, la relación entre la gestión total de calidad y el rendimiento financiero o los efectos de las disrupciones en la cadena de suministros sobre la salud financiera de la empresa (Presutti y Mawhinmey, 2007).

Existe una relación causal entre factores de la práctica del negocio, como la gestión de inventarios y el rendimiento financiero directamente conectada con el rendimiento de la cadena de suministros (Arashida, *et al.*, 2004). «Esta consistencia significa que resulta eficiente investigar el efecto de la implantación del SCM con base en el rendimiento financiero [y sus factores asociados] (p. ej.: rotación de inventarios y retorno en activos —ROA—» (Kainura, 2012).

Una de las métricas más significativas del rendimiento corporativo en la perspectiva del accionista es el valor de mercado (Christopher, 2011); por ello, cuando los analistas financieros evalúan los rendimientos corporativos relacionados con el SCM, generalmente se refieren al ciclo de conversión de caja —*cash-to-cash cycle*— y a la rotación de inventarios. No obstante, existen otras métricas financieras que están influenciadas por la gestión de la cadena de suministros (Sehgal, 2011; Ackerman y Bodegraven, 2007). De Toni y Tonchia (2001) diferencian entre métricas no financieras y financieras. En las métricas financieras, son más comunes las relacionas con la evaluación de costes, de capital (capital fijo y capital de trabajo) como retorno de la inversión (ROI) y flujo de caja descontado (DCF), ambos orientados a evaluar el atractivo y el rendimiento de inversiones. Y respecto a las relacionadas con la gestión de las operaciones: inventarios, productividad, etc. Entre las principales características de las medidas de evaluación imprescindibles en un sistema evaluativo se encuentran las integradas con el sistema contable de la empresa: contabilidad analítica del balance, analítica de costes en la cuenta de resultados y consistencia en presupuestos anuales (De Toni y Tonchia, 2001). Con anterioridad, Bechtel y Jayaram (1997) recomendaban el uso de métricas integrales, además de las no integrales. Debido a que estas últimas únicamente proporcionan una medida de un problema potencial de forma individualizada, no holística.

Las métricas de rendimiento financiero son valiosas debido a que capturan las consecuencias de las decisiones de negocios realizadas. Los gestores de la cadena de suministros toman decisiones y utilizan recursos que eventualmente impactan en el rendimiento financiero. Podemos encontrar métricas relacionadas con la cadena de suministros en los cuatro informes financieros principales: cuenta de resultados, balance, flujos de caja y patrimonio neto y valor de mercado, es posible relacionar el rendimiento financiero con el del SCM (Wisner, 2011):

- Cuenta de resultados:

  o Ventas: tiempo de respuestas, *time-to-market* de nuevos productos, tiempo de espera, entregas a tiempo, calidad del producto, devoluciones, roturas de *stock,* ratio de aceptación de pedidos.

  o Coste de las ventas: coste de transporte, distancia entre los miembros de la red, costes de aprovisionamiento, costes de inventario, costes de almacenamiento, coste de empaquetado, desperdicios, roturas de *stocks,* precisión en las previsiones, costes en contingencias de productos.

  o Costes de administración de ventas y generales: costes de garantías, costes del proceso de venta, precisión en las transacciones, control de divisas.

- Balance (componentes del capital de trabajo):

  o Días de inventario: costes de mantenimiento de inventarios (financieros, almacenaje, movimiento, control, seguros...), obsolescencia, mermas, precisión de previsiones, tiempo de aprovisionamiento, tiempo de entrega.

  o Cuentas pendientes de cobro: deuda en demora, costes de los procesos de gestión de deuda en demora, retención de pedidos a clientes por deuda acumulada, cambios en divisas, términos de facturación correctos, confirmación de entregas.

  o Cuentas pendientes de pago: descuentos no recibidos, penalizaciones por pagos con retraso, aprovisionamientos no recibidos por demora en pago, precisión en procesos de pago.

- Flujo de caja:

    o Inversiones y financiación: costes financieros de plantas de producción, centros logísticos, equipamiento, utilización de recursos financieros, ciclo de conversión de caja —*cash-to-cash cycle*—.

- Patrimonio neto y valor de accionistas:

    o Valor de mercado: generación neta de ingresos, costes y gastos operativos.

    o Dividendos: generación neta de ingresos, costes y gastos operativos, inversiones con capital propio, depreciaciones por obsolescencia.

Frazelle y Rey (1997) afirman también que el principio fundamental que tener en cuenta al desarrollar, implementar y analizar el rendimiento financiero de la logística es que está generalmente aceptado que a determinadas métricas financieras les corresponde una medida de rendimiento logístico-financiero. En la tabla 9 se enumeran algunas de las métricas financieras relacionadas con la logística y su correspondiente fórmula para el cálculo.

Tabla 9. Métricas logístico-financieras

Métricas financieras corporativas	Ratio	Métricas financieras logísticas	Ratio
Revenue	R		
Expenses	E	*Logistics Expenses*	LE
Profit	P = R-E	*Logistics Profit*	LP = R-LE
Asset Value	AV	*Logistics Asset Value*	LAV
Asset Turnover	AT = R/AV	*Logistics Asset Turnover*	LAT = R/LAV
Asset Carrying Rate	ACR		
Corporate Capital Changes	CCC	*Logistics Capital Changes*	LCC = LAV*ACR
		Total Logistics Cost	TLC = LE+LCC
Cost-Sales Ratio	CSR = (E+CCC)/R	*Logistics Cost-Sales Ratio*	LCSR = TLC + LCC
Return on Assets	ROA = P/AV	*Return on Logistics Assets*	ROLA = P/LAV
Economic Value Added	EVA = P-(AV*ACR)	*Logistic Value Added*	LVA = P-(LAV*ACR)

Fuente: Frazelle y Rey (1997).

Según Sehgal (2011), son varias las métricas financieras que están relacionadas directamente con las del SCM*: return on assets* (en adelante, ROA), *return on capital employed* (ROCE), *cash* proveniente de las operaciones, utilización de activos, ratios de beneficio, así como el margen bruto. Y afirma:

> Una bien gestionada cadena de suministros muestra un fuerte rendimiento financiero, permite a las compañías ser competitivas en lo que hacen mejor [...] la ventaja competitiva proviene de su habilidad para reducir costes y proveer un mejor servicio al cliente [...]. Al final del año, alrededor del 70 % -80 % de las operaciones en cadenas de tiendas y fabricantes estarán influenciados por las decisiones en la cadena de suministros y tendrán un impacto significativo en el rendimiento financiero (Sehgal, 2011).

Para Smith y Smith (2014) las «métricas adecuadas» comienzan por un nivel primario correspondiente a las medidas financieras, como el retorno de la inversión (en adelante, ROI), argumentando que «una compañía no puede justificar una mejora si esta no está asociada a un incremento en el ROI». El segundo grupo de métricas estaría compuesto por aquellas destinadas a medir el cumplimento de los requisitos exigidos a la cadena de suministros en función de la estrategia de la empresa: competitividad por costes o competitividad por valor diferencial. Sin embargo, añaden que la tendencia de las empresas y los académicos en los noventa a enfatizar las métricas relacionadas con la contabilidad financiera, y la aparición de nuevas métricas para la gestión de costes, llevaron generalmente a la confusión, creando situaciones contradictorias. La fórmula DuPont que disgrega en una ramificación en árbol los componentes del ROI (Kaplan, 1984; Howell, 2006; Smith y Smith, 2014) desarrollada por Donaldson Brown en 1921 para General Motors Corporation (Howell, 2006) contiene varias de las medidas claves en la gestión de la cadena de suministros relacionadas con el ROA y margen de beneficio en un primer nivel, relacionando estos con el volumen de ventas en un segundo nivel, entrando en mayor profundidad en el tercer nivel, con la medición del capital de trabajo, capital en activos a largo plazo, costes de ventas, y especificando dos subgrupos de cuarto nivel relacionados con los movimientos de caja, inventario, costes de producción, gastos de ventas y de administración (gráfico 29).

Gráfico 29. Taxonomía DuPont ROI de Donaldson Brown

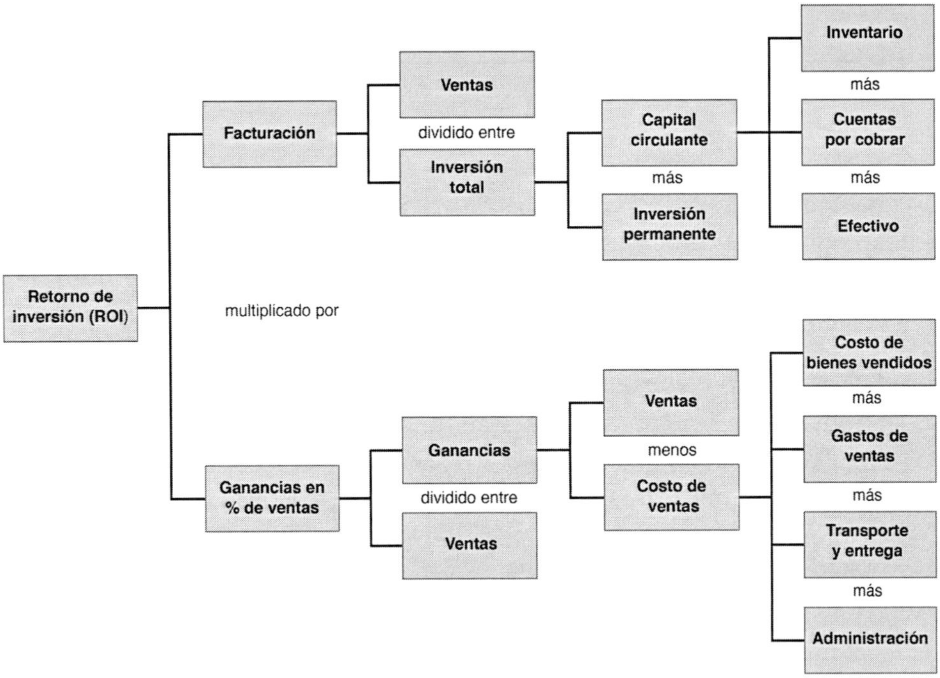

Fuente: Smith y Smith (2014).

Waters (2008) disgrega la fórmula del ROA en sus componentes del denominador y numerador asociados a la logística, según la ecuación 3, que contienen los siguientes componentes:

- Activos relacionados con el SCM y su influencia:

  1. Activos corrientes: inventarios.

  2. Activos fijos: propiedades, equipos, maquinaria, plantas de producción, etc.

- Beneficio relacionado con el SCM y su influencia:

  1. Ventas: satisfacción del cliente.

  2. Precio: prestaciones producto.

  3. Margen operativo: margen de beneficio.

Ecuación 3: Cálculo del retorno en activos

$$ROA = \frac{beneficio}{activos\ empleados} = \frac{unidades\ vendidas \times precio\ de\ venta \times margen\ beneficio}{activos\ corrientes + activos\ fijos}$$

Tan *et al.* (2002) afirman que las métricas tradicionales basadas en información contable, tales como el ROI, ROA y las relacionadas con el flujo de caja pueden representar dificultades para su medida, e ignorarían entonces el coste de oportunidad; citan para apoyar su afirmación a Chen y Lee (1995), que aseveraban además la carencia de analizar la relación calidad-coste.

Elrod *et al.* (2013) contribuyen a la importancia del rendimiento de la cadena de suministros en la empresa con su enfoque orientado a los costes reflejados en la contabilidad como primera batería de medidas, incluyendo costes financieros, de suministros, de producción, de inventario, de procesado de información, de almacenaje, de incentivos y todos aquellos costes operativos que podría comprometer el ROI. De manera que el rendimiento de la cadena de suministros debe ser constantemente evaluado, ya que de esta forma los gestores pueden identificar oportunidades de mejora y de eficiencia.

Li *et al.* (2006) afirman que las compañías con un rendimiento elevado de sus cadenas de suministros muestran también un rendimiento elevado de la organización y la competitividad, dado que sus objetivos primarios a corto plazo del SCM son incrementar productividad y reducir inventario, y los objetivos a largo plazo son incrementar participación de mercado y beneficios para todos los miembros asociados a la cadena de suministros, y añaden los componentes financieros: ROI, crecimiento de ventas y margen de beneficio en ventas como indicadores claves.

Christopher (2001) define como los factores claves del valor del accionista: crecimiento en ventas, reducción de costes operativos, eficiencia del capital fijo, eficiencia del capital de trabajo y minimización de impuestos pagados. En parecidos términos se expresan el Council of Supply Chain Management Professionals, Gibson *et al.* (2013) en cuanto al impacto fianciero del SCM: elevado margen de beneficios, flujo de caja mejorado, crecimiento en ventas y elevado retorno en activos.

El modelo SCOR aporta a su vez un marco evaluativo de utilidad para considerar los requerimientos de rendimiento de los miembros de la cadena de suministros de la firma (Stewart, 1995) que permite explorar la conexión crítica entre el rendimiento de la cadena de suministros y el rendimiento corporativo o de negocio (Presutti y Mawhinmey, J. R. (2007). Este modelo contempla cuatro criterios para evaluar las actividades en la cadena de suministros como una serie de procesos interconectados: (1) fiabilidad de la cadena de suministros, (2) capacidad de respuesta o flexibilidad, (3) costes y (4) activos financieros (Lai *et al.,* 2002). En la tabla 10 se muestran las medidas de rendimiento del modelo SCOR, clasificadas por procesos de la cadena de suministros según la perspectiva del cliente y la interna, y sus correspondientes criterios de medición e indicadores de rendimiento. La perspectiva interna tiene una vinculación directa con el rendimiento corporativo-financiero en cuanto a costes y activos, y su relación con los indicadores de rendimiento del SCM.

Tabla 10. Medidas de rendimiento de la cadena de suministros del modelo SCOR

Procesos cadena de suministros	Criterios de medida	Indicadores de rendimiento
Perspectiva cliente	Fiabilidad de la cadena de suministros	• Rendimiento entregas • Rendimiento cumplimiento de pedidos • Rendimiento de pedidos perfectos *(perfect order)*
	Flexibilidad y adaptabilidad	• Tiempo de respuesta cadena de suministros • Flexibilidad producción
Perspectiva interna	Costes	• Coste total gestión logística • Valor añadido productividad • Coste procesos de devolución
	Activos	• Ciclo de caja *(cash-to-cash)* • Días inventario de suministros • Rotación activos

Fuente: Stephens (1995).

El SCC especifica los costes de la cadena de suministros como «aquellos que están asociados con las operaciones de la cadena de suministros: SCM costes y Coste de Ventas (COGS)», y afirma que la efectividad en la gestión de activos reside en apoyar la satisfacción del cliente; incluyendo la gestión de todos los activos: fijos y capital de trabajo, ciclo de caja en días, retorno de los activos fijos asociados al SCM y retorno del capital de trabajo (Bolstorff y Rosenbaum, 2010).

Gunansekaran y Kobu (2007) reúnen en siete categorías las métricas de rendimiento asociadas con la logística las cadenas de suministro en una revisión de la literatura publicada entre 1995 y 2004, definiendo la naturaleza de las métricas entre financieras y no financieras, basándose en las aportaciones de Kaplan y Norton (1996) con su Balanced Score Card, y De Toni y Tonchia (2001) (tabla 11).

Tabla 11. Categorización de las métricas del SCM

Referencias claves	Criterios	Detalles
Kaplan y Norton (1997)	Perspectiva del *Balances Score Card*	• Financieras • Procesos Internos • Mejora e innovación • Clientes
Beamon (1999)	Componentes de las métricas del rendimiento	• Tiempo • Utilización recursos • *Output* • Flexibilidad
Gunasekaran *et al.* (2001)	Localización de métricas en los enlaces de la cadena de suministros	• Planificación y diseño de procesos • Suministrador • Producción • Entregas • Cliente
Gunasekaran *et al.* (2001)	Niveles de toma de decisiones	• Estratégicas • Tácticas • Operacionales
Financial base (De Toni y Tonchia, 2001)	Naturaleza de las métricas	• Financieras • No financieras
Gunasekaran *et al.* (2001)	Tipo de métricas	• Cuantitativas • No cuantitativas
Begchi (1996)	Métricas tradicionales vs. modernas	• Funcionales • No funcionales

Fuente: Gunansekaran y Kobu (2007).

Debe tenerse en cuenta además que, independientemente de las métricas de evaluación que se hayan seleccionado, estas deben cumplir con tres requisitos básicos (De Toni y Tonchia, 2001):

1. Facilidad en la definición e identificación de lo que se va a medir, y una selección de métricas orientadas a la utilización de las mismas clasificadas según el objetivo que se pretende alcanzar: (1) decisional, (2) de síntesis y (3) evaluativo.

2. Facilidad en la identificación de los responsables de los resultados medidos, relativa a un individuo o grupo y según el criterio de mayor influencia en los resultados.

3. Grado de detalle de la medición: criterio de medida (momento, lugar, método de detección), frecuencia de la detección, coste estándar de la detección, obligaciones/responsabilidad de cada detección.

6.2. Gestión del riesgo en el SCM: resiliencia y agilidad

Entre las responsabilidades del SCM está la de mantener una cadena de suministros segura que sea capaz de gestionar cualquier disrupción, minimizando su impacto en la capacidad organizacional de suministrar productos y servicios, y asegurando la continuidad del negocio en las nuevas condiciones. Esto incluye elementos externos e internos de la organización, como suministradores y externalizaciones de procesos. Ante esta responsabilidad, definida por el Business Continuity Institute de asegurar la continuidad del negocio (Bird, 2013). En 2012 la International Organization for Standardization (en adelante, ISO) creó la normativa específica ISO 22301:2012 para ayudar a asegurar la continuidad de los sistemas de gestión en las organizaciones, independiente de su tamaño, localización o sector actividad.

> Los incidentes pueden interrumpir una organización en cualquier momento y con la aplicación de la norma ISO 22301 se asegurará de que las organizaciones puedan responder y continuar sus operaciones. Los incidentes pueden tomar muchas formas que van desde desastres naturales a gran escala, los actos de terror, los accidentes relacionados con la tecnología y los incidentes ambientales. Sin embargo, aunque la mayoría de los incidentes puedan ser pequeños, estos pueden tener un impacto significativo. Lo que hace que la gestión de la continuidad del negocio sea relevante en todo momento (Gasiorowski-Denis, 2012).

Son numerosos los países que ya han incorporoado en su legislación la normativa ISO 22301; los primeros han sido Reino Unido y Singapur. Según el Dr. Stefan Tangen, secretario del Comité Técnico de ISO:

> Las organizaciones que impmente la ISO 22301 serán capces de demostrar a legisladores, reguladores, clientes, clientes potenciales y otras parte interesadas que se han adherido a las buenas prácticas en Business Continuity Management. También puede ser utilizada como una medida organizacional del nivel de aplicación de buenas prácticas en la organización, que será del interés de los auditores que tengan que informar sobre la calidad de la gestión (Gasiorowski-Denis, 2012).

Las tendencias actuales del SCM: *Just-in-Time,* redución de costes por deslocalización de la producción, globalización, economías de escala, externalización y consolidación de los suministradores elevan las posibilidad de sufrir disrupciones en la redes y cadenas de suministro por la diseminación internacional y atomización de la misma (Chirstopher, 2015). Cualquier crisis local puede desembocar en una disrupción con consecuencias globales, como un «efecto mariposa» (concepto desarrollado por la teoría del caos) en el ecosistema de cadenas de suministros que colaboran juntas. No existe por tanto control sobre la causa, pero sí sobre las consecuencias para mitigarlas (World Economic Forum, 2008).

En el gráfico 30 podemos comprobar la dinámica del impacto de una crisis disruptiva en la estabilidad del entorno económico-financiero, estudiada por Asbjørnslett y Rausand (1997), Asbjørnslett (1999), Sheffi (2001, 2005, 2007 y 2015), Sheffi y Rice (2005), Ritchie y Brindley (2006), Tomlin (2006), Briano *et al.* (2009) y Kouvelis *et al.* (2012); entre otros, definen la capacidad de resiliencia como la de «soportar mejor la imprevisibilidad del comercio mundial obteniendo una ventaja competitiva; siendo capaz de hacer más y más rápido que los competidores cuando una catástrofe ocurre».

Gráfico 30. Curva del impacto en el negocio de la crisis y periodo disruptivo

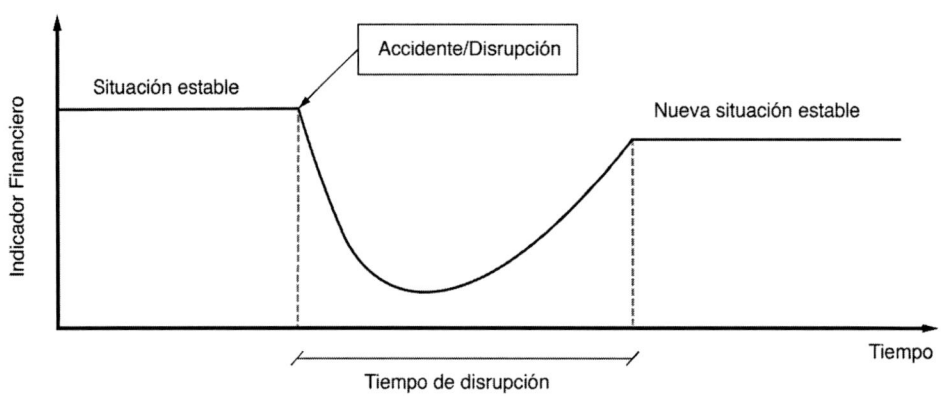

Fuente: Asbjørnslett y Rausand (1997).

Para Viner (2008) y Kouvelis *et al.* (2012), el objetivo principal consiste en identificar y controlar los riesgos que puedan sufrir las operaciones, en la medida de lo razonablemente posible, no simplemente siguiendo en la literalidad cada una y todas las regulaciones en negocios y sectores industriales vigentes, aunque no tengan relación directa con el ámbito de la organización. Discrimina tres clases riesgos que se pueden asociar al SCM:

1. Riesgos estratégicos: aquellos asociados al plan de negocios de la organización a sus estrategias y decisiones.

2. Riesgos financieros: aquellos afectados por las decisiones influenciadas por los cambios de mercados, liquidez y clasificación de riesgo en créditos.

3. Riesgos operacionales: los relacionados con procesos, personal, sistemas, activos y por factores externos.

Según Lee (2004): «Las mejores cadenas de suministro no son solamente efectivas en costes; son también ágiles y adaptables […] las cadenas de suministros más eficientes se pueden convertir en incompetitivas si no se adaptan a cambios estructurales» (Lee, 2004). Son numerosas las referencias a la mejora en el rendimiento y competitividad del SCM cuando se gestionan conjuntamente estrategias que permitan una mejor y más rápida respuesta a los cambios de las necesidades de los clientes en entornos cambiantes. «Muchas de las características que hacen que las compañías tengan éxito en el contexto económico actual son las mismas características que hacen que esas compañías sean resilientes» (Sheffi, 2007). Sheffi (2015) añade que la resiliencia ayuda a las compañías a competir al establecer en la organización una cultura, sistemas y procesos para la vigilancia, sensibilidad y flexibilidad para detectar y responder rápida y efectivamente a las crisis disruptivas.

Las cadenas de suministros deben ser más ágiles y más capaces de afrontar eventos disruptivos imprevisibles, es decir, con capacidad de resiliencia para amortiguar los impactos negativos de las crisis (Carvalho *et al.,* 2019) y ágiles, para conseguir una rápida recuperación (Lee, 2004), considerándose como un imperativo en la actualidad.

> La gestión del riesgo en la cadena de suministros es un imperativo en el estado de volatilidad actual de los mercados, aunque muy pocas organizaciones están preparadas adecuadamente para afrontar una disrupción […]. Estos factores de riesgo pueden ir desde el incremento de costes de materias primas, especialmente energía, [la no disponibilidad de las mismas] así como las relacionadas con los desastres naturales: terremotos e inundaciones, y cambios políticos (Siegfried, 2008).

Asbjørnslett y Rausand (1997) y Asbjørnslett (1999) establecen tres fases claves en el riesgo de la cadena de suministros: (1) preocupación por la crisis: acciones de mitigación, (2) detección de la crisis: rápido análisis de las causas y consecuencias y (3) acciones de contingencia. El gráfico 31 muestra estas tres fases, junto con las potenciales barreras que dificulten las acciones.

Gráfico 31. Fases de la crisis y la disrupción

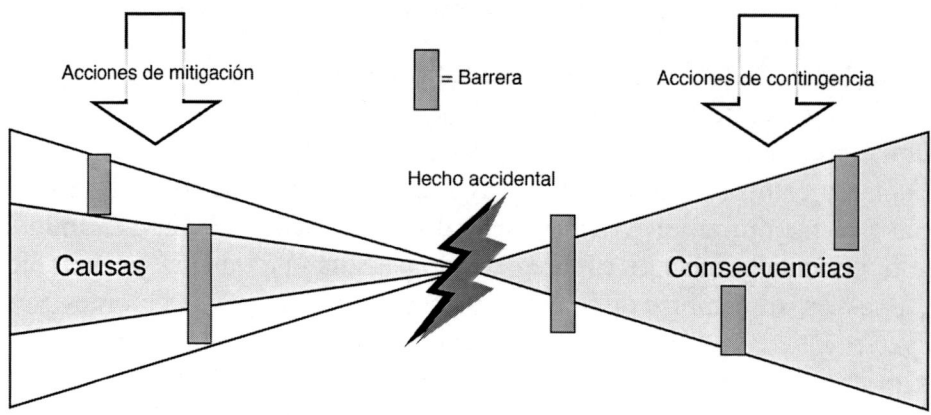

Fuente: Asbjørnslett y Rausand (1997).

Sheffi (2007) detalla con mayor precisión las distintas fases de una crisis en la cadena de suministros y su impacto en el rendimiento en función del tiempo. Estas fases (gráfico 32) son:

1. Preparación y estado de alerta.

2. Hecho disruptivo.

3. Primera respuesta.

4. Retardo en el impacto.

5. Impacto pleno.

6. Preparación para la recuperación.

7. Recuperación.

8. Impacto a largo plazo.

Gráfico 32.Perfil de la disrupción

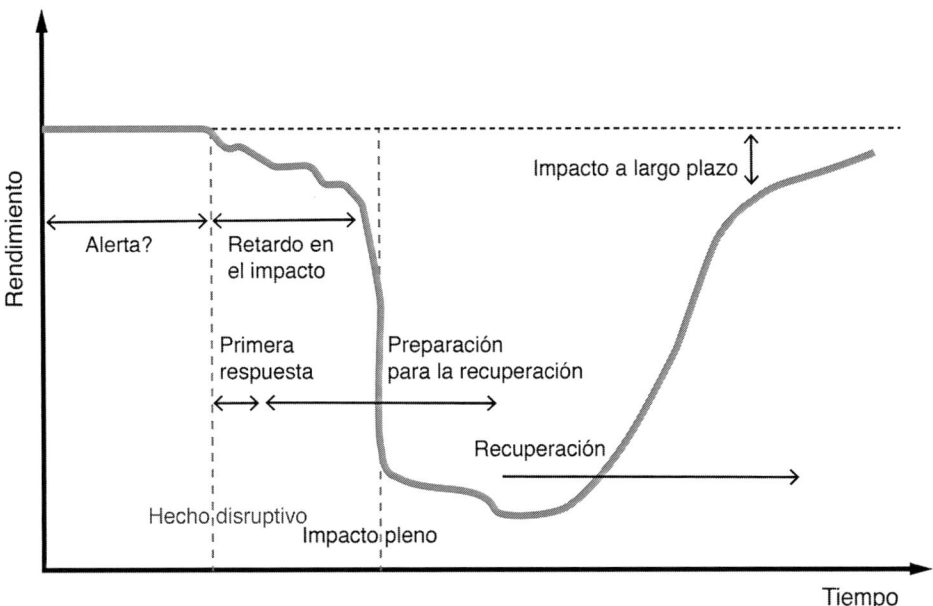

Fuente: Sheffi (2007).

Podemos clasificar los tipos de riesgo, y sus barreras de acción, en tres categorías (De Loach, 2000): (1) factores externos: medioambientales, políticos, legales, regulatorios, competidores, clientes, etc., (2) factores internos: operaciones y procesos, (3) factores decisionales: carencia de información, decisiones erróneas, falta de apoyo, ejecución fallida. Manuj y Mentzer (2008) los clasifican en dos categorías:

1. Riesgos inherentes a la cadena de suministros:

    a. Suministros.

    b. Operaciones.

    c. Demanda.

    d. Seguridad.

2. Riesgos del entorno:

    a. Macro: crisis económicas, recesiones, coste de mano de obra, tipos de cambio, acuerdos de comercio, aranceles...

b. Políticos: acciones y sanciones de Gobiernos, cambios de legislación, conflictos…

c. Competición: incerteza sobre movimientos de los competidores, malas prácticas.

d. Recursos: falta de recursos humanos, carencia de capital o tecnología…

Sheffi (2015) y Myerson (2015) clasifican estos riesgos en un mapa de coordenadas cartesianas por criterios de impacto del riesgo y su probabilidad con base en estudios históricos, demostrando que diferentes disrupciones tienen diferentes probabilidades e impactos. Muchos expertos categorizan los riesgos de la cadena de suministros utilizando una matriz 2 × 2 (Sheffi, 2015), que consta de cuatro cuadrantes mostrando varios tipos hipotéticos de disrupción, incluyendo eventos según sus causas (inundaciones, vendavales, recesiones…) y efectos (pérdida de un suministrador claves, caída de sistemas IT, cierre de un centro de transporte…) (gráfico 33).

Gráfico 33. Mapa de vulnerabilidad de la cadena de suministros

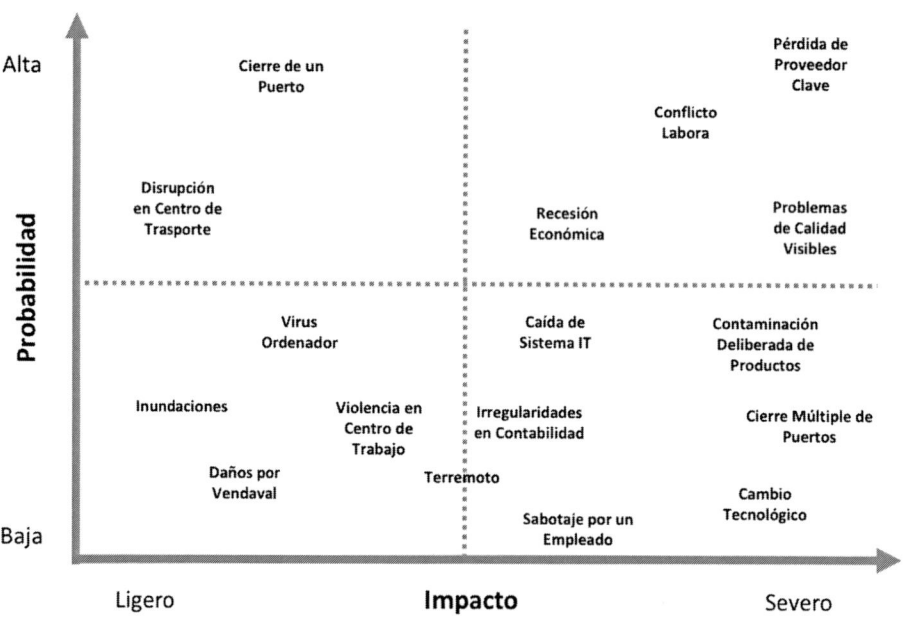

Fuente: Elaboración propia, a partir de Sheffi (2007).

Las estrategias de gestión de riesgo deben definirse por tanto teniendo en cuanta las fuentes de riesgo, sus consecuencias y los factores de riesgo mencionados (Jünter *et al.* (2003). Christopher y Peck (2007) dividen los riesgos en tres factores que agrupan cinco categorías:

- Factores internos:

  o Procesos.

  o Control.

- Factores externos y pertenecientes a la cadena de suministros:

  o Demanda.

  o Suministro.

- Factores externos a la red de negocio:

  o Entorno.

Según De Loach (2000) las estrategias para mitigar el impacto del riesgo se pueden clasificar según cuatro objetivos: (1) evitar, (2) transferir, (3) reducir y (4) retener.

Para Manuj y Mentzer (2008) estas estrategias son siete:

1. Evitar el riesgo: saliendo o retrasando la entrada en el mercado o producto.

2. Posponer el riego: retrasar los compromisos con suministradores o mantener la flexibilidad en lo posible.

3. Especular con el riesgo: asumir el riesgo para ganar una ventaja competitiva.

4. Dispersar el riesgo: entre suministradores, clientes e instalaciones.

5. Controlar el riesgo: integración vertical y lateral de los suministradores y socios de negocio.

6. Transferir el riesgo: externalización, deslocalización, subcontratación.

7. Seguridad: identificar y protegerse del riesgo para evitar que llegue a afectar.

Para Craighead *et al.* (2007) la buena capacidad de mitigación del riesgo se basa en la habilidad de adaptarse —capacidad de recuperación— y la habilidad de compartir información de forma visible y transparente —capacidad de alertar—.

La ausencia de planes de contingencia y acciones de mitigación conlleva una elevada vulnerabilidad de la cadena de suministros en función de la probabilidad de riesgo y la magnitud de sus consecuencias (Asbjørnslett y Rausand, 1997). Christopher y Peck (2004) aportan una definición de la vulnerabilidad de la cadena de suministros: «Una exposición a serias perturbaciones, derivando en riesgos para la cadena de suministros, a la vez que en riesgos fuera de la cadena de suministros». Para Christopher y Peck (2004), riesgos internos en la cadena de suministros y riesgos externos no pueden ser diferenciados y deben formar parte de la misma categoría debido a que se interrelacionan.

Sheffi (2007), basándose en los estudios Asbjørnslett y Rausand (1997), desarrolló el mapa de vulnerabilidad del gráfico 33, que categoriza en dos ejes: consecuencias y probabilidades de disrupción en función de sus magnitudes, en donde llama la atención que los riesgos poco probables —como terremotos—, pero con grandes consecuencias, deben ser mitigados. Así como aquellos riesgos malintencionados: actos terroristas o sabotajes.

Existen múltiples maneras de clasificar los riesgos en la cadena de suministros (Briano *et al.,* 2009) y Mason-Jones y Towill (1998) aportan una simplificación, desarrollada posteriormente por Peck (2003) y Christopher y Peck (2004), que categoriza los riesgos entre externos e internos, siendo los riesgos externos los asociados a los suministradores y los que afectarían a la demanda; mientras que los riesgos internos implicarían los procesos y al control de la cadena de suministros. De los procesos internos más relevantes los más críticos son aquellos que añaden valor en la cadena, mientras que los riesgos derivados del control son los relacionados con los sistemas, estándares y compromiso de los miembros.

Bendig (2015) afirma que el riesgo en la cadena de suministros afecta al rendimiento financiero de la empresa, tanto en los activos, en inventarios y propiedades como en el flujo de caja. Y que la relación entre la volatilidad de las operaciones y la financiera se caracteriza por retroalimentarse ambas en situaciones extremas de riesgo.

Una volatilidad manifiesta en el nivel de inventarios significa que la empresa se encuentra en una situación de riesgo, que puede incluir cambios o disrupciones en los suministros, incerteza en la demanda y cambios o disrupciones en la logística.

Una inestabilidad en operaciones representa la necesidad de un mayor capital de trabajo, por lo que la estabilidad de las métricas como beneficio neto, ROA y beneficio antes de intereses e impuestos (EBIT, en sus siglas en inglés) dan un reflejo del rendimiento de la empresa. Así como la suma de pagos de dividendos y el valor neto presente (NPV, en sus siglas en inglés) de futuros flujos de caja. Los accionistas prefieren una volatilidad baja de los flujos de caja, cuya estabilidad reduciría los costes de capital. De acuerdo con numerosos estudios publicados, existe una correlación entre el crecimiento de inventario y un negativo impacto en los dividendos o retorno de las acciones (Bendig, 2014).

Los economistas expertos en modelización matemática (Ganges, 2014; Alessandria *et al.,* 2010; Chen y Lee, 2009; Hull, 2004) que han estudiado el impacto de los cambios económicos en las cadenas de suministros, como los efectos de la crisis del 2008-2009, definen como elasticidad de la cadena de suministros la repercusión en el incremento de inventario o en las rupturas de suministros.

Alessandria *et al.* (2010) argumentan que las características de las cadenas de suministro pueden influenciar la elasticidad en los ingresos de la cadena global de valor, con consecuencias superiores a las causadas por el comercio normal, por ejemplo las causadas por una acumulación de inventarios o una ruptura de *stock.* Ello se debe a que el rápido crecimiento de la economía global ha incrementado el número de suministradores de diferentes países, ya que internet ha facilitado la localización de suministros con precios competitivos en cualquier parte del globo (Hull, 2004; Bakos, 1998). Estos científicos desarrollan modelos teóricos de análisis del rendimiento basados en la elasticidad para estudiar las implicaciones de la teoría económica en el rendimiento de las cadenas de suministro, principalmente en la gestión de inventarios y el efecto amplificador denominado *bull-whip* en los cambios de la demanda sobre inventarios y capacidad de producción.

Chopra y Shodi (2004) han estudiado y descrito nueve categorías distintas de riesgo que pueden afectar al SCM y sus repercusiones, con la conclusión de que al conocer estas se puede desarrollar mejor estrategia de mitigación: (1) disrupciones, (2) retrasos, (3) sistemas, (4) previsiones, (5) propiedad intelectual, (6) aprovisionamiento, (7) cobros de clientes y (8) capacidad. Afirman que son muchas las compañías que se protegen de riesgos recurrentes con un impacto bajo en la cadena de suministros y bastantes de ellas ignoran los riesgos de gran impacto de baja probabilidad, como una crisis del sistema o un desastre natural.

Kouvelis *et al.* (2012) diferencian entre riesgo y ambigüedad en su investigación posterior a los estudios tradicionales sobre riesgo, y afirman que los estudios académicos sobre modelos de ambigüedad tienen un interés creciente, debido a la ambigüedad incremental económica y financiera en el contexto del SCM. En su modelización matemática de la ambigüedad, toman como base la Escuela Europea que dice que «quien toma la decisión, conoce la distribución de probabilidad de los efectos aleatorios» (Kouvelis *et al.*, 2012). Sin embargo, argumentan que se necesita una extensión a esta teoría del juego basada en resultados aleatorios, por lo que es necesario considerar otros modelos de ambigüedad, como el Subjective Expected Utility de Aumman, y la paradoja de Ellsberg que cuestiona esas teorías para poder tener un marco más ecléctico. Kouvelis *et al.* (2012) concluyen que, si bien se ha estudiado ampliamente la ambigüedad en la literatura económica y financiera, este concepto ha sido poco explorado en el contexto del SCM. Proponen cinco estrategias diferentes para gestionar el riesgo en las operaciones de la cadena de suministros:

1. Inventario de seguridad de productos acabados que pueda ser utilizado para satisfacer la demanda, incluso si los suministros han sido interrumpidos.

2. Diversificar suministradores, de manera que si un suministrador sufre problemas pueda recurrirse a otros de la cadena de suministros que no hayan sido afectados.

3. Suministradores sustitutorios de seguridad a los que se pueda recurrir en caso de necesidad.

4. Gestión de la demanda: influenciar en la demanda para que opten por productos sustitutorios.

5. Fortalecer la cadena de suministros: colaborar con los suministradores y socios de la cadena de suministros para reducir la frecuencia y el impacto de posibles disrupciones.

Carvalho *et al.* (2011) concluyen que las cadenas de suministros necesitan adoptar nuevas estrategias para mejorar sus habilidades respondiendo rápidamente y de forma efectiva en cuanto a costes a los cambios imprevistos en los mercados y al creciente nivel de turbulencias y vinculan en su estudio estas habilidades al rendimiento y competitividad de las empresas. Proponen un marco conceptual que permite relacionar la resiliencia y la agilidad de las cadenas de suministros con el rendimiento y la competitividad de la empresa y realizan una subdivisión del rendimiento en operacional y económico —este es el que nos interesa resaltar— (gráfico 34). Este marco conceptual o taxonomía, sirve de modelo para observar las relaciones entre los elementos del sistema con el objetivo de conseguir mejoras mediante la implementación de prácticas que conduzcan a una mayor resiliencia y agilidad. Las variables RP_{1-12} y AP_{1-12} representan, respectivamente, las prácticas dirigidas a una mejora de la resiliencia y a la agilidad, con doce categorías cada una. Las variables OI_{1-15} y EI_{1-15} representan los indicadores claves de rendimiento operacional y rendimiento económico, respectivamente, con quince indicadores.

Gráfico 34. Taxonomía de resiliencia y agilidad

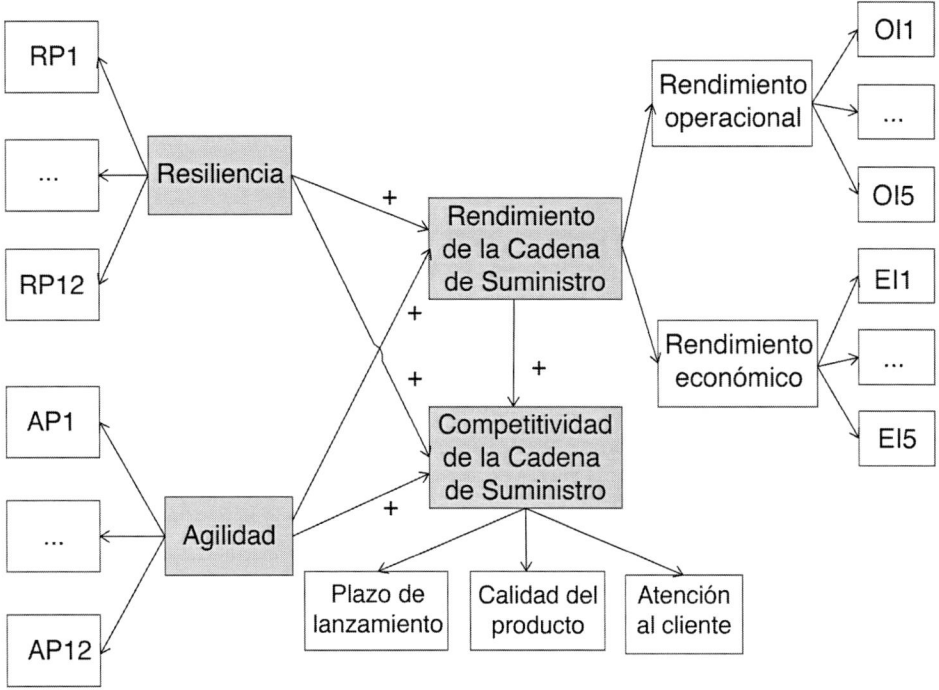

Fuente: Carvalho *et al.* (2011).

123

Carvalho *et al.* (2011), clasifican los indicadores de rendimiento económico asociados a resiliencia y agilidad en seis categorías: (1) coste, (2) valor económico añadido (EVA, en sus siglas en inglés), (3) beneficio operativo neto, (4) retorno en activos, (5) ciclo de caja y (6) eficiencia en gastos.

Raz (2008), desde el punto de vista de la incerteza en la demanda según el tipo de producto que gestione la cadena de suministros y con base en las aportaciones de Lee que relacionan la inestabilidad de la demanda de los productos con la inestabilidad de las cadenas de suministros (2002), clasifica las cadenas de suministro en cuatro categorías:

1. Cadenas de suministro eficientes: aquellas que generan altas eficiencias y rendimiento.

2. Cadenas de suministro orientadas a la gestión de riesgo: diseñadas para gestionar disrupciones potenciales.

3. Cadenas de suministro sensibles a los cambios: diseñadas para adaptarse a los cambios en las preferencias de los clientes.

4. Cadenas de suministro ágiles: las que están diseñadas para ser sensibles y flexibles a la vez que gestionan posibles disrupciones potenciales, mediante la rápida gestión adecuada de inventarios y otros recursos.

Shinghal (2011) es citado por Decovny (2011) sobre las consecuencias inmediatas en el valor de la empresa en el momento de sufrir una disrupción en su cadena de suministros:

> Las interrupciones en la cadena de suministros se pueden producir internamente, en los proveedores o clientes finales. Vinod Singhal, profesor de la gestión de las operaciones en el Georgia Institute of Tecnology, ha realizado una amplia investigación sobre cómo las interrupciones afectan el valor del accionista y la rentabilidad. Después de la revisión de cerca de mil casos de perturbaciones experimentadas por las empresas que cotizan en bolsa, se encontró que, en promedio, los accionistas pierden alrededor del 7 por ciento del valor de sus acciones en la información sobre las interrupciones de la cadena de suministros el día en que se hace pública la información. Durante un periodo de tres años alrededor de la interrupción, el rendimiento de las acciones de las empresas es en promedio un 33-40 por ciento más bajo que sus competidores. En el año después

de la interrupción, la volatilidad de precio de la acción es de 13,5 por ciento mayor en comparación con la volatilidad en el año antes de la interrupción. Las interrupciones significan un peaje en la rentabilidad. En el año que conduce a la interrupción, el efecto promedio es de un 107 por ciento de disminución en los ingresos de explotación, un 93 por ciento de disminución de la rentabilidad de los activos, una disminución del 7 por ciento en las ventas crecimiento y un aumento de 11 por ciento de los costes. Lo más importante, las empresas no se recuperan rápidamente de las interrupciones. Estas continuarán operando a un nivel de rendimiento inferior durante al menos dos años después de experimentar interrupciones. Singhal señala que las empresas con una buena gestión de los riesgos en la cadena de suministros experimentan menos interrupciones y reaccionan más rápido cuando se producen (Decovny, 2011).

Para Decovny (2011), la gestión del riesgo en las cadenas de suministro tiene una gran importancia creciente para las organizaciones, especialmente aquellas que operan en mercados globales y emergentes. Bending (2014) concluye en su estudio que el impacto de los riesgos asociados a las operaciones es mayor en empresas manufactureras, seguidas de las cadenas de tiendas —*retail*— y en tercer lugar, las mineras.

Wagner y Bode (2008) clasifican cinco riesgos potenciales con un gran impacto en el rendimiento del SCM: (1) riesgos de la demanda, (2) riesgos de los suministros, (3) riesgos legales y burocráticos, (4) riesgos de infraestructura y (5) riesgos de catástrofes, corroborando la asociación negativa entre los riesgos relacionados con la cadena de suministros y su rendimiento.

Singhal (2011) afirma que el terremoto sufrido en Japón en ese mismo año ha representado una llamada de atención para muchas compañías que nunca llegaron a pensar que estaban expuestas a tan gran riesgo; algunas de las empresas damnificadas eran suministradoras de grandes compañías globales que vieron cómo sus cadenas de suministros sufrieron una disrupción súbita que afectó a sus operaciones.

La importancia de los impactos en las operaciones por cambios disruptivos en el entorno queda patente en Hoberg y Alicke (2013), que analizan el impacto de la crisis financiera de 2008-2009 —en la que los cuatro mayores bancos de inversión se declararon en quiebra a la vez—, mediante la tasa de crecimiento anual de pedidos en los sectores industriales de EE.UU. entre 2008-2009, que sufrieron importantes reducciones en volumen; los sectores con mayor impacto fueron los relacionados con equipos para transporte (-42,3 %), metales básicos (-40,3 %) y maquinaria (-31,9 %). Y los de menor, pero considerable impacto: equipos eléctricos y electrodomésticos (-21,8 %) y electrónica de consumo (-18,6 %), lo que conllevó a una inestabilidad mundial.

Briano *et al.* (2009), citando a Tang y Tomli (2008) y a varios autores, corroboran que alineamiento, adaptabilidad y agilidad son los ingredientes básicos para la gestión de riesgo en la cadena de suministros, afirmando que queda constatado que la agilidad (flexibilidad) mejora la capacidad de resiliencia de la cadena de suministros. Sin embargo, no está claro aún cuánta flexibilidad es necesaria para mitigar el riesgo.

A continuación, se describen las dos aproximaciones más significativas a resiliencia y agilidad, teniendo en cuenta que «son numerosos los artículos científicos publicados sobre resiliencia y agilidad de forma separada pero muy pocos los que las relacionan y proveen un análisis de su impacto en el rendimiento del SCM» (Carvalho *et al.*, 2011).

6.2.1. Aproximación a la resiliencia en el SCM

Carvalho *et al.* (2011) sugieren, tras el estudio de varios autores, una definición de la resiliencia en el SCM que encaja con la perspectiva de esta memoria de tesis doctoral: «La habilidad de las cadenas de suministros de hacer frente a perturbaciones imprevistas». En otras palabras, la mitigación del impacto de un evento disruptivo imprevisto, con la «rigidez» como concepto opuesto a «resiliencia» (Smith y Smith, 2014). Por lo que la resiliencia se asocia a la efectividad en la mitigación y las acciones o planes previos a la crisis.

En el modelo de crisis y la disrupción de Asbjørnslett (1999), podemos situar el ámbito de la resiliencia a la izquierda en una primera fase donde la empresa diseña y ejecuta actividades de mitigación previas que permiten afrontar una crisis amortiguando su impacto negativo (gráfico 35).

Gráfico 35. Ámbito de la primera fase de amortiguación de la resiliencia según modelo de Asbjørnslett

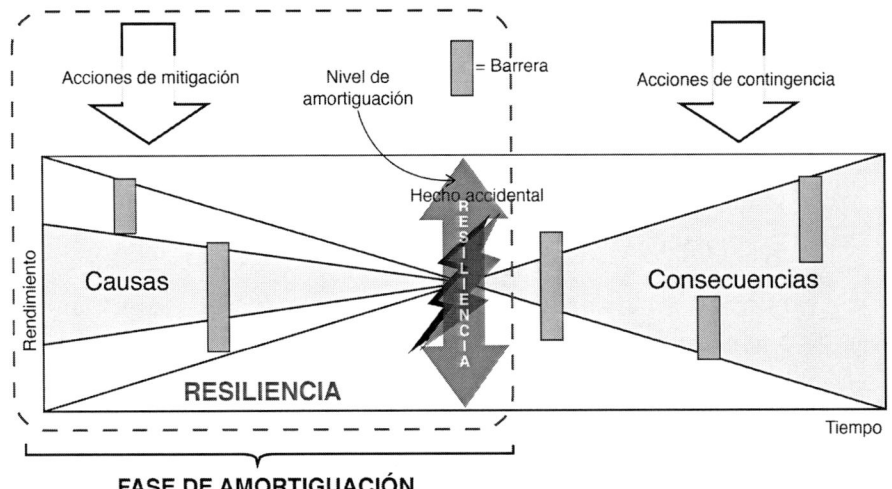

FASE DE AMORTIGUACIÓN

Fuente: Elaboración propia, a partir de Asbjørnslett (1999).

De forma similar, en el modelo elaborado por Sheffi, la resiliencia se situaría antes y hasta el momento de recibir el impacto completo de la crisis (gráfico 36).

Gráfico 36. Ámbito de la primera fase de amortiguación de la resiliencia según modelo de Sheffi

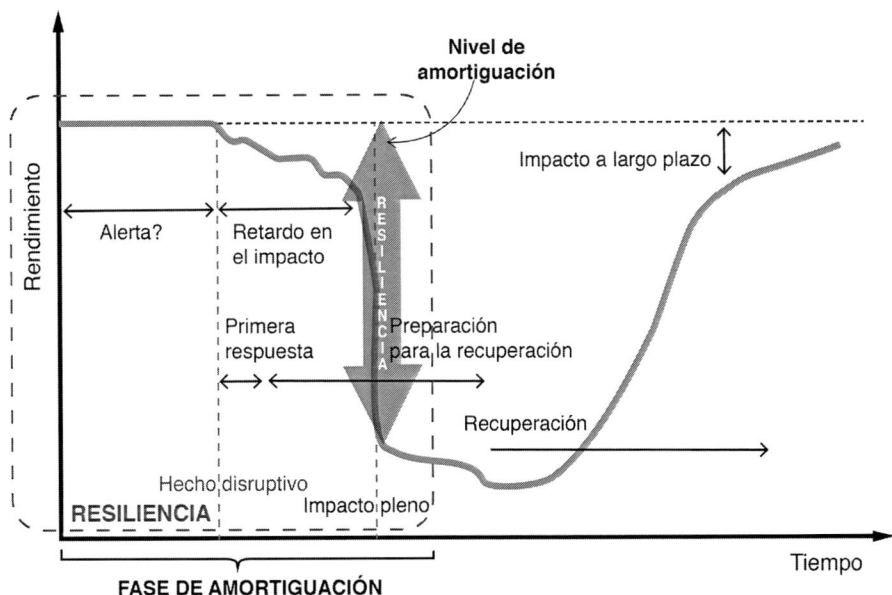

FASE DE AMORTIGUACIÓN

Fuente: Elaboración propia, a partir de Sheffi (2007).

Según Decovny (2011) —con base en un estudio realizado por Gartner en el mismo año— factores como la velocidad, agilidad, eficiencia, capacidad de respuesta e innovación siguen siendo críticos, pero igualmente importante es una cadena de suministros flexible. La capacidad de entregar resultados predecibles, incluso en las condiciones de negocios volátiles se ha convertido en una prioridad en las grandes empresas: Cisco, Dow Chemical, RIM y Unilever desarrollan activamente el diseño de estructuras, procesos y metodologías para crear y ampliar la capacidad de resiliencia en sus propias cadenas de suministro y sus socios comerciales.

Smith y Smith (2014) afirman que una baja capacidad de resiliencia afecta tanto a las operaciones como a la finanzas y a las ventas, deteriorando los niveles de calidad de servicio, de rendimiento de inventarios y de margen bruto, y que sumados llevan a un elevado consumo de capital que puede conducir al caos financiero, destruyendo el ROI, por lo que se deben implementar una serie de métricas tanto financieras como no financieras que monitoricen constantemente la evolución de las inversiones, con especial foco en el gasto en operaciones y los *buffers* de inventarios.

La potencialidad de disrupción obliga a las empresas a tener que realizar un análisis de la capacidad de resiliencia de sus cadenas de suministro; la frecuencia con que se realizan estos análisis puede dar una idea de la importancia dada por la organización a la gestión de riesgo. En un estudio realizado a 196 empresas de 22 industrias, 51 % de las empresas suele realizar revisiones anuales, mientras que un 40 % las realizan esporádicamente o después de haber sufrido un incidente grave; el 5 % no las realiza nunca. El 78 % empresas que han sufrido una disrupción debida a desastres naturales, condiciones climatológicas extremas o cambios políticos drásticos afirman que la recuperación requirió la atención de todos los altos ejecutivos de la empresa (Partida, 2013).

The Business Continuity Institute (2012) apunta en idéntica dirección con su estudio realizado entre 2009 y 2012, cuyos resultados manifiestan que el 73 % de las empresas encuestadas sufrieron una disrupción, con una media de cinco, en los cuatro años pasados. El 39 % de estas disrupciones originaron una caída en los suministradores básicos, que necesitaron un tiempo de recuperación de dos años. Un 52 % de las disrupciones afectaron seriamente a los sistemas IT, y un 59 % de los encuestados afirmaron haber sufrido reducciones en la productividad debido a alguna disrupción (Business Continuity Institute, 2012). En su estudio realizado en 2014 las empresas que sufrieron una disrupción en sus cadenas de suministros el pasado año fueron el 81 %, de las cuales un 58 % sufrieron pérdidas en productividad y un incremento en costes de trabajo del 47,5 %. Afirmando que las empresas industriales grandes afrontan cada vez mayores dificultades para construir cadenas de suministros resilientes, mientras que las medianas y pequeñas son menos sensibles a las disrupciones en general (Business Continuity Institute, 2014).

Wagner y Bode (2008) hacen una relación de las crisis anteriores a 2008 que han tenido impacto en las cadenas de suministros y han sido estudiadas académicamente: el huracán Katrina en Estados Unidos (2005), el ataque terrorista en Nueva York (2001), la epidemia de SARS en Asia (2003), y concluyen que las cadenas de suministros son cada vez más vulnerables, debido a que desde la pasada década las compañías están sufriendo un incremento constante de la presión de los competidores a escala global. Este incremento de crisis disruptivas y la sensibilidad de las cadenas de suministros globales obligan a prestar especial atención a la capacidad de resiliencia de las empresas y a como estas gestionan los riesgos (Wagner y Bode, 2008).

Weick y Sutcliffe (2007) afirman que la capacidad de resiliencia conlleva tres habilidades básicas: (1) mitigar el impacto y mantener las funciones de la cadena de suministros, (2) la capacidad de recuperarse rápidamente y (3) aprender de la experiencia y crecer a partir de episodios previos de resiliencia. Como veremos en el siguiente apartado, la habilidad de mitigar el impacto, o resiliencia, se puede atribuir en los modelos de Asbjørnslett (1999), Christopher y Peck (2004) y Sheffi (2007, 2015) a la primera habilidad de Weick y Sutcliffe (2007), mientras que las habilidades segunda y tercera de acelerar la recuperación y crecer después de la crisis se pueden atribuir al concepto generalizado en SCM de «agilidad».

Existen dos perspectivas fundamentales en las estrategias de gestión de riesgo para desarrollar resiliencia y agilidad (Briano *et al.* 2009): la de Martin Christopher y Towill (2001, 2002) y Peck (2004); y la de Yossi Sheffi (2007, 2009), que podrían generar las habilidades de Weick y Sutcliffe (2007), que describimos a continuación.

Christopher y Peck (2004) han desarrollado una taxonomía estratégica para el diseño de la resiliencia en la cadena de suministros, que incluye su relación con la agilidad, donde esta última es una característica directa relacionada con la velocidad, la aceleración y la visibilidad, es decir, la rapidez en la recuperación, según Sheffi (2007). El gráfico 37 muestra los elementos de la perspectiva de Christopher, cuyo diseño estratégico requiere:

1. Un conocimiento profundo de la red de valor y cómo el negocio conecta a los suministradores con los clientes y la detección de los cuellos de botella.

2. La definición de la estrategia de suministro, que no debe basarse en la concentración en un solo suministrador, sino en suministradores fiables con varias alternativas.

3. Combinar eficiencia y redundancia sin considerarlos términos contrapuestos. La redundancia debe mitigar consecuencias disruptivas superiores a su coste; por ejemplo: mantener inventarios de seguridad o una sobrecapacidad de producción disponible en distintos centros.

Gráfico 37. Taxonomía de la cadena de suministros resiliente y ágil de Christopher

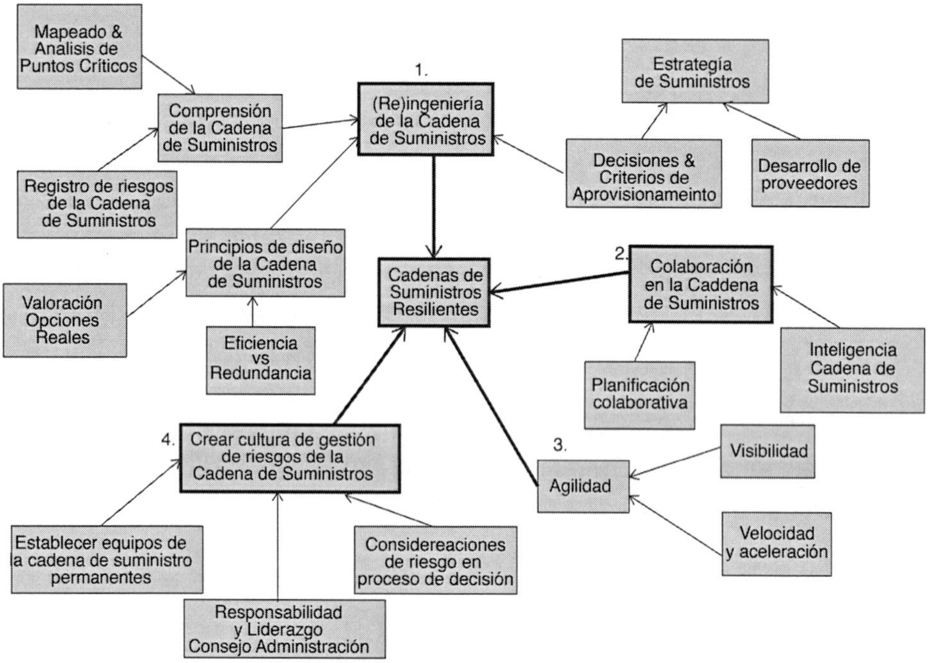

Fuente: Christopher y Peck (2004).

El modelo propuesto por Sheffi (2007 y 2015) proporciona una serie de herramientas para construir resiliencia en la cadena de suministros y representa una aproximación funcional, en factores claves que deberían trabajar conjuntamente, pero que en multitud de casos funcionan por separado sin coordinación:

1. Los equipos humanos que diseñan y gestionan los planes de continuidad.

2. Los equipos humanos que controlan y mantienen la seguridad.

3. Los sistemas informáticos que gestionan y apoyan la seguridad.

Según Sheffi (2007), las compañías pueden desarrollar la resiliencia de tres maneras: (1) incrementar las redundancias, (2) desarrollar agilidad y (3) cambiar la cultura corporativa.

6.2.2. Aproximación a la agilidad en el SCM

Podemos definir agilidad como la habilidad de la cadena de suministros para responder rápidamente a los cambios imprevisibles en la demanda o el suministro (Christopher y Peck, 2004), asociándola por tanto a la efectividad en la acción posterior a la crisis.

Carvalho *et al.* (2011) amplían la definición de la «agilidad» en el SCM, que utilizaremos como referencia base: «La habilidad de las cadenas de suministros de responder rápidamente a los cambios imprevistos en mercados y entornos turbulentos de forma rápida y coste-efectiva»; lo que constata el factor tiempo —rápidamente— como factor clave de la agilidad. Sheffi (2007) añade que una rápida adaptación al entorno puede suponer una ventaja competitiva respecto a los competidores más lentos en la reacción. Lee (2004) lo enfoca desde el punto de vista de los cambios sufridos rápidamente y la habilidad de la empresa para gestionar suavemente las disrupciones externas. Sugiere que las mejores cadenas de suministro identifican cambios estructurales —económicos, mercado, etc. — antes de que estos ocurran, capturando la información adecuada, filtrando el ruido y haciendo un seguimiento de los patrones claves. Y facilita el ejemplo de la compañía Seven Eleven Japan, que fue capaz de recuperar su actividad en la cadena de suministros tras el terremoto de Kobe en 1995, mediante el empleo de siete helicópteros y ciento veinticinco motocicletas, que sortearon los atascos y bloqueos de las autopistas para suministrar sesenta y cuatro mil boslas de arroz a los habitantes de la ciudad destruida.

En el modelo de crisis y la disrupción de Asbjørnslett (1999), podemos situar el ámbito de la agilidad a la derecha en una segunda fase donde la empresa diseña y ejecuta actividades de recuperación posteriores a la crisis que permiten recuperar la actividad normal, adaptarse al nuevo contexto y, en lo posible, ganar una ventaja competitiva con respecto a los competidores por una aceleración de los resultados (gráfico 38).

Gráfico 38. Ámbito de la primera y segunda fases de amortiguación de la resiliencia y recuperación/adaptación en el modelo de Asbjørnslett

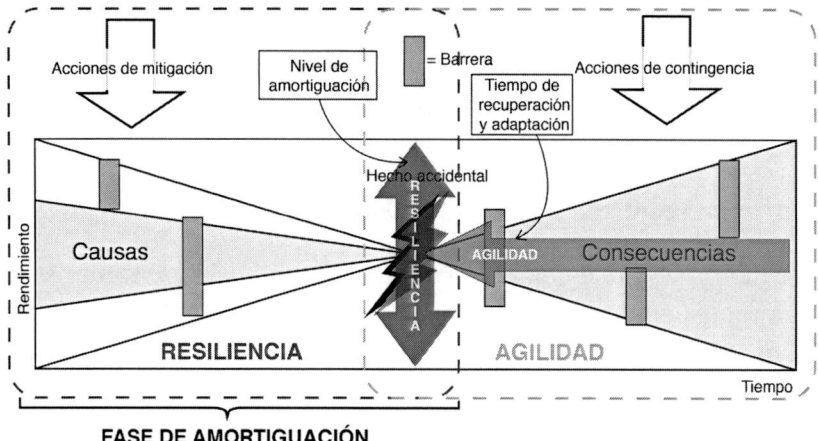

Fuente: Elaboración propia, a partir de Asbjørnslett (1999).

De forma similar, en el modelo elaborado por Sheffi, la agilidad se situaría después del momento de recibir el impacto completo de la crisis, y comprendería la recuperación de la actividad normal y la adaptación al nuevo entorno creando una ventaja competitiva por una aceleración de los resultados, según se muestra en el gráfico 39. Este modelo ha servido de punto de partida para la presente investigación.

Gráfico 39. Ámbito de la primera y segunda fases de amortiguación de la resiliencia y recuperación/adaptación en el modelo de Sheffi

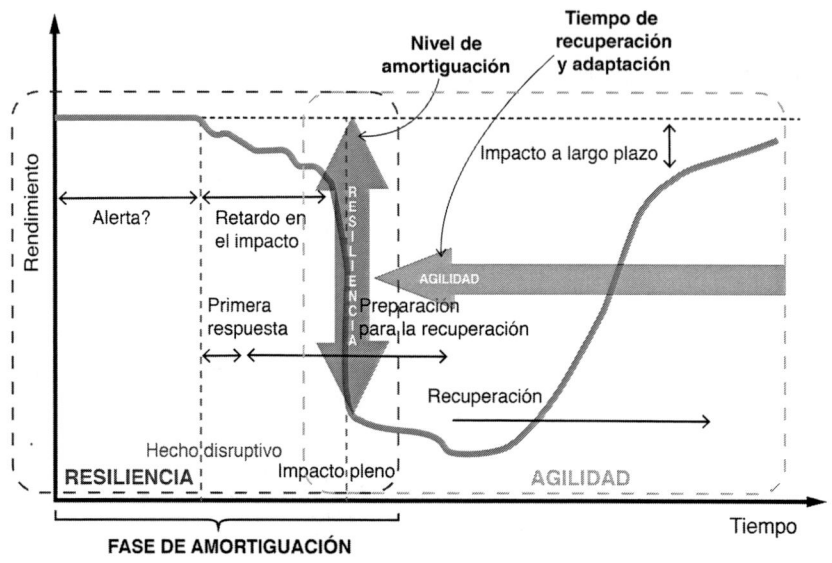

Fuente: Elaboración propia, a partir de Sheffi (2007).

Para Baramachi y Zimmers (2007), en su modelo de estrategias de transformación de las cadenas de suministros para dotarlas de agilidad, las estrategias de gestión de cambio deben considerar tres factores: coste de implementación, riesgo y facilidad de aplicación. Dependiendo de la forma en la que la organización contemple estos tres factores, se puede medir un nivel de consistencia. En la medida la que se prioricen estos factores, el modelo calcula un coeficiente de consistencia de la estrategia de agilidad y la capacidad de respuesta de la empresa a los cambios. Los autores concluyen lo siguiente:

> Hoy en día, muchas empresas necesitan mejorar su agilidad de forma continuada con el fin de responder a los cambios en el entorno de negocios que tienen lugar cada vez más rápidamente. Sin embargo, hay una falta general de comprensión sobre cómo esto podría lograrse y qué herramientas/metodología/técnicas se pueden utilizar en la práctica.

Gulati (2010) sugiere como análisis y enfoque de las estrategias para afrontar una crisis ganando agilidad centrase en los clientes, no en los productos. La diferenciación de clientes, mediante el análisis de los datos, permite identificar segmentos de clientes y asociarles perfiles de riesgo e impacto, así como las ramificaciones de las cadenas de suministros que llegan hasta ellos. El diseño de estrategias de recuperación y adaptación se hace así más efectivo, lo que permite disgregar un análisis tanto económico-financiero como de valor percibido por el cliente para la toma de decisiones. Asocia también la capacidad de desarrollar resiliencia y agilidad sostenibles con el fomento de la coordinación y colaboración internas y con el desarrollo de productos para afrontar crisis disruptivas (modularización, estandarización de componentes, multifuncionalidad…) y de soluciones innovadoras que vinculen al cliente con acciones de cooperación en mitigación, recuperación y adaptación. Este enfoque de empoderar al cliente en la gestión de riesgo de la cadena de valor representa la conexión total de la cadena de suministros de principio —suministradores— a fin —clientes—, transformándose en una cadena de valor colaborativa.

En esta perspectiva de quién es partícipe del riesgo en la cadena de suministros, Kildow (2011) afirma que es muy importante asignar responsables, debido a que tanto proyectos como planes y gestión de emergencias requieren tiempo, atención y recursos, que se tienden a ignorar o posponer por la presión de las actividades diarias, ante la falta de un sentido de urgencia. Afirma que la gestión de riesgo en el SCM y su vinculación con los planes de continuidad de negocio corporativo son poco frecuentes y generalmente están orientadas con una visión reparadora circunstancial o cubiertas mediante polizas de seguros, no de creación de valor por agilidad. Propone que el ejecutivo del SCM trabaje estrechamente en asociación con el ejecutivo responsable del plan de continuidad de negocio y que existan especialistas expertos en gestión de riesgos dentro de las áreas de SCM que puedan analizar con precisión los riesgos, sugerir planes de mitigación, recuperación y adaptación, y comunicarse con otros miembros de la organización y externos en la deficinión y ejecución conjunta de un plan macro de continuidad de negocio.

7. Tendencias actuales

La excelencia en la gestión integrada de la *supply chain management* es uno de los factores claves de éxito en las empresas globales, y el interés en el enfoque competitivo, tanto académico como corporativo, es creciente. Mediante el estudio exploratorio de la literatura actual podemos observar una clara relación entre empresas líderes globales y su enfoque en la gestión de la cadena global de suministros.

Una excelente gestión de la cadena de suministros conlleva un alto grado de resiliencia y agilidad ante un nuevo contexto socio-político-económico mundial con elevadas cotas de volatilidad e inestabilidad, para amortiguar los impactos de las crisis —garantizando la sostenibilidad del negocio— y, a su vez, poder obtener una ventaja competitiva en el nuevo contexto con una rápida reacción al impacto y adaptación al cambio.

Hemos visto que el modelo *Value Net* de Bovet y Martha (2000), basado en tecnologías digitales, es aplicable a cualquier sector y mejora las capacidades operacionales en el sumisito de servicios y soluciones, a la vez que mejora radicalmente la competitividad por costes de la compañía mediante la reducción de inventario. Esto se debe a la precisa información recibida de la demanda y se orienta a la nueva tendencia de *mass customization,* que genera procesos extremadamente eficientes en crecimientos rápidos, dado que está alineada con el cliente, es colaborativa y sistemática, ágil y escalable, tiene flujos rápidos y es digital (Bovet y Martha, 2000). La digitalización de la cadena de los flujos de información de la cadena de suministros será la tendencia dominante en los futuros años.

En entorno globales altamente competitivos y cambiables con una gran incertidumbre en la predicción de la demanda, este tipo de modelos que combinan las mejores características de *Lean* y *Agile*, gracias a tecnologías digitales facilitadoras, tendrán una gran preponderancia. Desarrollos futuros de este modelo o similares configuraran las cadenas de suministro globales basadas en la Industry 4.0 o la fábrica figital: la automatización digital de los procesos industriales.

El Foro Económico Mundial de Davos evaluó en 2016 la importancia del nuevo concepto Industry 4.0 como «factor dominante de la Cuarta Revolución Industrial» (Schwab, 2016), impulsada por las nuevas tecnologías de la información como *big data,* computación en la nube, internet de las cosas, identificación por radiofrecuencia (RFID), impresión en 3D, robótica, sensores inteligentes, movilidad, redes digitales globales, inteligencia artificial, etc., pero también productos inteligentes, vehículos autoconducidos, drones, ciudades inteligentes, cuidado de la salud inteligente, etc.

Precisamente el término «internet de las cosas» nació dentro del ámbito del *supply chain management.* Fue en 1999 cuando Kevin Ashton (2009) tituló como «Internet of Things» su presentación realizada a Procter & Gamble sobre cómo unir las etiquetas de RFID con internet en la gestión de la cadena de suministros, formando lo que denominó Worl-Data-Decision-Web (red mundial de datos para la toma de decisiones). Argumentaba que internet era algo más que una moda pasajera en el consumo y que tendría un gran impacto en la industria. Zara ha implementado la tecnología RFID a través de internet en la gestión de inventarios en tiempo real, la automatización del proceso de cobro en caja y la prevención de hurtos (Advanced Mobile Group, 2015), con lo que ha conseguido una eficiencia y una agilidad operativa en su cadena de suministros admirada mundialmente.

Estamos evolucionando a la economía digital inteligente, donde la tecnología ha dejado de ser un sector para ser el impulsor de todo tipo de nuevos negocios, productos y servicios, cada vez más inteligentes y autónomos. Podemos llamarla la era de la *Business Smartization,* la conversión de los negocios en inteligentes, gracias a la hipercomunicación de las cosas en tiempo real y las personas y la automatización incremental de los procesos y decisiones por parte de la inteligencia artificial.

Bajo el cambio de paradigma de industria 4.0 y la digitalización de las cadenas de valor, cada vez es más necesario tener una visión holística estratégica para ver el nuevo bosque en crecimiento en su totalidad, sin que los árboles más próximos impidan su visión.

Con la confluencia de las tendencias sociales y comerciales de la industria 4.0, y las tecnologías emergentes, la cadena de valor se integrará completa, digital y globalmente de proveedores y fábricas a clientes. La digitalización comenzó con la integración de los flujos de información y la digitalización incremental de productos y servicios compatibles con el internet de las cosas. Lo siguiente será la implementación de procesos inteligentes, fomentados por la inteligencia artificial y su paulatina automatización de las decisiones no estratégicas en la cadena de valor, con menor margen de error y mayor eficiencia que los humanos. Esto es, la *Business Smartization* o la transformación de los negocios en inteligentes.

Este gran cambio tecnológico puede aturdir a muchas personas en una primera impresión, como al contemplar la inmensidad de una gran masa forestal en una gran montaña, en la que parece difícil encontrar el camino hacia la cumbre. Sin embargo, su comprensión representa grandes oportunidades de negocio entendiéndolo como un nuevo paradigma de cambio constante, donde más que conocer en detalle las tecnologías emergentes y facilitadoras —cada árbol del bosque— hay que comprender cómo pueden representar un beneficio de cara a incrementar el rendimiento de nuestra cadena de valor, aportando soluciones nuevas a problemas viejos y futuros. Es decir, comenzar a caminar hacia arriba sin temor a perderse. Esto representa un cambio a una forma de pensar «exploratoria»: en lugar de tratar de entender todas las tecnologías, se trata de practicar cómo podemos utilizarlas. De ahí que se llamen tecnologías facilitadoras, pues están al servicio de la estrategia.

Muy pocas personas comprenden cómo funcionan internamente los componentes de su ordenador o de su teléfono móvil inteligente, pero saben cómo utilizarlos y extraerles el máximo rendimiento. Cualquiera de los teléfonos móviles inteligentes más conocidos tiene una capacidad de computación superior a la de los ordenadores de la NASA que pusieron el primer hombre en la luna. Una capacidad computacional que ha reducido sus costes de millones de dólares a tan solo cientos, con la gran diferencia de que entonces se necesitaba un numeroso equipo de ingenieros altamente especializados para utilizarlos y ahora un teléfono inteligente puede usarlo hasta un niño.

La gestión global de la cadena de suministros apoyada por las tecnologías facilitadoras jugará un papel clave en el nuevo paradigma que gestionará de manera integral, más allá de los silos y funciones existentes en las empresas. La optimización descentralizada e inteligente de la cadena de suministros involucrará tanto la hipercomunicación ubicua y en tiempo real como el *big data,* para lograr mayor agilidad y de respuesta al cliente. La velocidad de cambio será la constante.

Cada objeto individual en la cadena de valor podrá tener su propia dirección IP comunicándose con otros productos similares, componentes, materiales…, pero también contendedores, camiones, dispositivos de fabricación, además de nuevas *interfaces* hombre-máquina y transferencias digitales a físicas. Esto conllevará una capacidad de control y trazabilidad en tiempo real impresionante.

Todo puede convertirse en una parte individual de la cadena de suministros inteligente respaldada por el internet de las cosas y la inteligencia artificial, donde convergen productos, servicios e información. Las empresas cambiarán la forma en que proveen, planifican, generan, fabrican y entregan sus productos y servicios al cliente, siendo el centro gravitatorio de un ecosistema empresarial digital donde, por increíble que parezca, todo resultará más fácil y accesible.

Las empresas globales tendrán que cambiar su forma de hacer negocios, desarrollar productos y servicios, y diseñar procesos, mediante la digitalización completa de la cadena de valor. En lugar de requerir un cambio radical en la empresa, este es un proceso de aprendizaje continuado, mediante pequeñas pruebas y errores. No se requiere una transformación profunda e inmediata que ponga en riesgo la continuidad de la empresa, sino comenzar el cambio paso a paso, de forma decidida.

Carta a los lectores del presidente del CSCMP Spain

El círculo virtuoso del aprendizaje continuo en *supply chain management*

Después de este recorrido por los distintos bloques de conocimiento que han determinado la evolución estratégica del *supply chain management,* es conveniente realizar una reflexión final de ámbito amplio que, a modo de conclusiones y resumen, culmine este extraordinario trabajo realizado por Jorge Calvo.

En este libro se han compartido distintos enfoques resultantes de la evolución de las cadenas de suministros globales y de qué manera los interesados en su estudio y mejora pueden diseccionar cada una de las mismas para lograr entender sus objetivos, su valor, sus ventajas, sus retos y sus puntos débiles en cada caso.

Es siempre fundamental entender el nivel de madurez inicial de una cadena de suministros para, con base en ello, poder diagnosticarla adecuadamente y proponer mejoras en la misma.

En los apartados iniciales Jorge habla de los grados de complejidad de las mismas, ya sabemos que cuanto más larga y compleja es una cadena de suministro mayores costes tiene. Por ello, todas las iniciativas estratégicas de simplificación y eliminación de despilfarros o actividades que no añaden valor son fundamentales para su simplificación, que nos llevará a la reducción del coste total de la misma.

A pesar de algunas recetas que se pueden extraer del libro, nuestros lectores habrán comprobado que no existen ni fórmulas mágicas ni soluciones que valgan al igual para todas las cadenas de suministros. Al contrario, se requiere de un esfuerzo muy particularizado para comprender cada una de ellas y encontrar el diseño y la configuración específicos para cada una de ellas; de ahí que nos encontremos ante un reto de carácter estratégico, incluso de liderazgo e innovación, por encima de la necesaria gestión eficaz.

La experiencia de un profesional se va construyendo con la base de sus propios aprendizajes, obtenidos tanto en situaciones rutinarias como en otras más difíciles e, incluso, algunas con extrema tensión de tiempo u otras variables.

Nuestro profesional eficiente de la cadena de suministros trata siempre de disponer de un *benchmark* continuo contra el que comparar el rendimiento de las operaciones que dirige o en las que está participando, así como detectar dónde están aquellas mejores prácticas que le pueden suponer una mejora exponencial si logra aplicarlas con éxito en el ámbito de su responsabilidad.

En cualquier caso, debe estar preparado para equivocarse y fallar, que es cuando mayores serán los aprendizajes que extraerá de las distintas situaciones.

Las cadenas de suministros deben de estar conectadas con el cliente, anticipar sus necesidades y poder servir adecuadamente cada vez en menor tiempo y con los costes más eficientes posibles. Como vemos en la evolución de la *supply chain management,* esto siempre ha sido así, pero se han incrementado dichas exigencias en la última década y especialmente en los últimos años con la aparición de la venta por internet *(e-commerce)* que, sin duda, ha cambiado el panorama de las *supply chain management* globales y sus requerimientos. Cuando cambia el *benchmark,* afecta a todos los canales.

Quiero destacar que es también fundamental realizar de forma ordenada y frecuente actividades de *networking* eficiente que nos permitan mantener las mejores conexiones con proveedores, clientes, profesionales, asesores, prescriptores (de herramientas, de mejores prácticas, de ideas, de soluciones…). Para ello, el profesional asistirá a eventos (físicos o virtuales), encuentros y reuniones, leerá revistas especializadas y eventualmente algunos libros de referencia, así como también estará al corriente de las tendencias en las redes sociales de tipo más profesional, como Linkedin o incluso Twitter.

Queda para próximas publicaciones marcarnos un nuevo reto conjunto con Jorge Calvo, con un enfoque de lectura dirigido a directivos y ejecutivos, en el que podamos aportar aprendizajes y recomendaciones específicas y basadas en experiencias empresariales.

Espero que les haya gustado esta recopilación de conocimientos en *supply chain management* y les deseo que permanezcan siempre en modo de aprendizaje continuo, puesto que ya sabemos que la constante evolución de la función estratégica del *supply chain management* podría dejarnos en situación de fuera de juego rápidamente, en caso de que no continuásemos en el círculo virtuoso de este aprendizaje continuo personal de cada uno y cada una.

Muy atentamente,

Miquel Serracanta

REFERENCIAS BIBLIOGRÁFICAS

Ackerman, K. B. y Van Bodegraven, A. (2007). *Fundamentals of supply chain management: An essential guide for 21ˢᵗ century managers.* North Attleboro: DC Velocity Books.

Advaced Mobile Group Group, A. M. (2015). «How Zara Controls Stock With RFID». Recuperado de: http://www.advancedmobilegroup.com/blog/how-zara-controls-stock-with-rfid (Consultado: 11/8/2017).

Agarwal, A., Shankar, R. y Tiwari, M. K. (2007). «Modeling agility of supply chain». *Industrial Marketing Management, 36*(4), 443-457. doi: 10.1016/j.indmarman.2005.12.004.

Alessandria, G., Kaboski, J. y Midrigan, V. (2010). «The Great Trade Collapse of 2008-2009: an inventory adjustment?». *IMF Econ. Rev. 58*(2), 254-294. doi: 10.1057/imfer.2010.10.

Antai, I. (2011). «A theory of the competing supply chain: alternatives for development». *International Business Research, 4*(1), 74-85. Recuperado de: www.ccsenet.org/journal/index.php/ibr/article/view/7690/6431. (Consultado: 12/8/2016).

APICS (s. f.). «SCOR Framework». Recuperado de: http://www.apics.org/sites/apics-supply-chain-council/frameworks/scor. (Consultado: 12/5/2016).

Ardianto, Y. T., Surachman, Salim, U. y Zain, D. (2013). «An empirical internal perceptions study of the implementation supply chain management in Indonesian manufacturing companies as a mediating factor of information technology utilization to organization performances». *European Journal of Business and Management, 5*(16), 139-148. Recuperado de: http://www.iiste.org/Journals/index.php/EJBM/article/view/6189/6342. (Consultado: 2/6/2015).

Asbjørnslett, B. E. (1999). Assess the vulnerability of your production system. *Production Planning y Control. 10*(3), 219-229. doi: 10.1080/095372899233181

— y Rausand, M. (1997). *Assess the vulnerability of your production system.* (N.º 97018). Trondheim (Noruega): Norwegian University of Science and Technology.

Ashton, K. (2009) «That "Internet of Things" Thing». *RFID Journal*. Recuperado de: http://www.rfidjournal.com/articles/view?4986 (Consultado: 3/8/2017).

Aziz, A. K. A. y Zailani, S. (2011). *A conceptual paper on determinants and outcomes of supply chain agility*. Trabajo presentado en la International Conference on Computer Communication and Management Proc. of CSIT, Sigapur. *IACSIT, 5,* 456-460. Recuperado de: www.ipcsit.com/vol5/83-ICCCM2011-C040.pdf. (Consultado: 3/4/2016).

Bacos, Y. (1998). «The emerging role of electronic marketplaces on the Internet». *Communications of the ACM. 41*(8), 35-42. Recuperado de: http://citeseerx.ist.psu.edu/viewdoc/download?doi=10.1.1.83.180yrep=rep1ytype=pdf. (Consultado: 10/5/2016).

Balou, R. H., Gilbert, S. M. y Mukherjee, A. (2000). «New managerial challenges from supply chain opportunities». *Industrial Marketing Management, 29*(1), 7-18.

Baramichai, M. y Zimmers, E. W. Jr (2007). «Agile Supply Chain Transformation Matrix: a QFD-based Tool for Improving Enterprise Agility». *International Journal of Value Chain Management, 3*(2), 281-303. Recuperado de: http://eprints.utcc.ac.th/1367/1/1367fulltext.pdf. (Consultado: 25/1/2016).

Basu, R. y Wright, J. N. (2010). *Total supply chain management*. Oxford: Routledge.

Batra, K. (12 de marzo de 2012). «Business don't compete; Supply Chains Compete». [Mensaje en un blog]. Recuperado de: http://ism-india.org/blog/businesses-dont-compete-supply-chains-compete. (Consultado: 1/5/2016).

Baudin, M. (20 de mayo de 2013). «Orbit charts, and why you should use them» [Mensaje en un blog]. Recuperado de: http://michelbaudin.com/2013/05/20/orbit-charts-and-why-you-should-use-them. (Consultado: 10/9/2015).

Bauer, M. J., Poirier, C. C., Lapide, L. y Bermudez, J. (2001). *e-Business: The strategic impact on supply chain and logistics*. Council of Logistics Management - Council of Supply Chain Managment Proffesionals (CSCMP).

BCRF (2016). «Organizations Resilience Draft Standard now available for comment ISO-22316». Recuperado de la página de Internet de Business Continuity and Resilience Forum: www.continuityforum. org/content/news/184617/organizational-resilience-draft-standard-now-available-comment-iso-22316. (Consultado: 8/8/2016).

Beamon, B. M. (1999). «Measuring supply chain performance». *International Journal of Operations y Production Management, 19*(3), 275-292. doi: 10.1108/01443579910249714.

Bechtel, C. y Jayaram, J. (1997). «Supply chain management: a strategic pespective». *International Journal of Logistics Management, 8*(1). 15-34.

Bendig, D. (2015, Enero). «Taking Risk: Operational Volatility and its Relation to Finance». Academy of Management Proceedings. (2015 Meeting Abstract Supplement). Academy of Management.

Berman, K. y Knight, J. (2006). *Financial intelligence: a manager's guide to knowing what the numbers really mean.* Boston: Harvard Business School Publishing.

Betancourt, B. y Morris, E. (2000). *Diseño organizacional. Las Estructuras Contemporáneas.* Bogotá: Programa Editorial Univalle.

Bird, L. (ed.). (2013). *Good Practice Guidelines 2013 Global Edition: A Guide to Global Good Practice in Business Continuity.* Reading: The Business Continuity Institute.

Blackhurst, J., Dunn, K. S. y Craighead, C. W. (2011). An empirically-derived framework of global supply resiliency. *Journal of Business Logistics, 32*(4), 374-391.

Blackhurst, J. V., Scheibe, K. P. y Johnson, D. J. (2008). Supplier risk assessment and monitoring for the automotive industry. *International Journal of Physical Distribution y Logistics Management, 38*(2), 143-165.

Blanchard, D. (2010). *Supply chain management best practices* (2.ª ed.) [iBook]. Recuperado de: https://itunes.apple.com/es/app/ibooks/ id364709193?mt=8. (Consultado: 3/6/2015).

Bolstorff, P. y Rosenbaum, R. (2010). *Supply chain excellence. A handbook for dramatic improvement using the SCOR Model* (3.ª ed.). Estados Unidos: AMACOM American Management Association.

Botta-Genoulaz, V., Campagne, J-P., Llerena, D. y Pellegrin, C. (2010). *Supply chain performance. Collaboration, alignment and coordination* [iBook]. Recuperado de: https://itunes.apple.com/es/app/ibooks/id364709193?mt=8. (Consultado: 8/5/2016).

Bovet, D. y Martha, J. (2000), *Value nets: breaking the supply chain to unlock hidden proffits*. Hoboken, Nueva Jersey: John Wiley & Sons.

Bowersox, D. J. (1987). «Logistics strategy planning for the 1990's». Council of Logistics Management Fall Conference Proceedings, 1. – Council of Supply Chain Managment Proffesionals (CSCMP).

—, Closs, D. J. y Stank, T. P. (1999). «21st century logistics: making supply chain integration a reality». Council of Logistics Management – Council of Supply Chain Managment Proffesionals (CSCMP).

— Closs, D. J., Cooper, M. B. y Bowersox, J. C. (2013). *Supply chain logistics management* (4.ª ed.). Nueva York: McGraw-Hill; Irwin.

Box, G. E. P., Jenkins, G. M. y Reinsel, G. C. (2009). *Time series analysis: forecasting and control* (4.ª ed.). Wiley Online Library. doi: 10.1002/9781118619193.

Boyer, K., Swink, M. y Rosenzweig, E. (2005). «Operations strategy research in the POMS Journal». *Production and Operations Management Journal, 14*(4), 442-449.

Brandenburger, A. y Nalebuff, B. (1996). *Co-opetition*. Nueva York: Doubleday.

Branscomb, L., Kodama, F. y Florida, R. (1999). *Industrializing Knowledge*. Cambridge: The MIT Press.

Braunscheidel, M. J. (2005). *Antecedents of supply chain agility* (Tesis doctoral). The State University of New York, Nueva York. Recuperado de ProQuest Dissertation Express (N.º de acceso 3185285).

— y Suresh, N. C. (2009). «The organizational antecedents of a firm's supply chain agility for risk mitigation and response». *Journal of Operations Management, 27*(2), 119-140. doi: 10.1016/j.jom.2008.09.006.

Brealey, A. C. y Myers, S. C. (2003). *Principios de finanzas corporativas* (7.ª ed.). Madrid: McGraw-Hill; Interamericana de España.

Brewer, P. C. y Speh, T. W. (2000). «Using the balanced scorecard to measure supply chain performance». *Journal of Business, 21*(1)*,* 75-94. Recuperado de: www.researchgate.net/publication/216704144_Using_The_Balanced_Scorecard_To_Measure_Supply_Chain_Performance. (Consultado: 10/10/2014).

Briano, E., Caballini, C. y Revetria, R. (2009). «Literature review about supply chain vulnerability and resiliency». En R. Revetria, V. Mladenov y N. Mastorakis (eds.), *ICOSSSE' 09 Proceedings of the 8th WSEAS International Conference on System Science and Simulation in Engineering,* Génova (pp. 191-197). Stevens Point, Wiskonsin: World Scientific and Engineering Academy and Society (WSEAS).

Business Continuity Institute. (2012). *Supply chain resilience.* Recuperado de: www.mypurchasingcenter.com/files/8213/9567/7107/BCI-Supply-Chain-Resilience-2012-Published-Version-pdf.pdf. (Consultado: 24/11/2014).

— (2014). *Supply chain resilience.* Recuperado de: www.thebci.org/index.php/obtain-the-supply-chain-resilience-report. (Consultado: 12/5/2015).

— (2015). *Supply chain resilience.* Recuperado de: www.thebci.org/index.php/bci-supply-chain-resilience-2015. (Consultado: 10/8/2016).

Campanella, T. J. (2006). «Urban resilience and the recovery of New Orleans». *Journal of the American Planning Association, 72*(2), 141-146.

Caplice, C. y Sheffi, Y. (1994). «A review and evaluation of logistics metrics». *The International Journal of Logistics Management, 5*(2), 11-28.

Carter, C. y Rogers, D. (2008). «A framework of sustainable supply chain management: moving toward new theory». *International Journal of Physical Distribution y Logistics Management, 38*(5), 360-387. Recuperado de: www.researchgate.net/publication/230771054_A_Framework_of_Sustainable_Supply_Chain_Management_Moving_Toward_New_Theory. (Consultado 8/8/2016).

Carvalho, H., Garrido, S. y Cruz-Machado, V. (2012). «Agile and resilient approaches to supply chain management: influence on performance and competitiveness». *Logistics Research, 4*(1), 49-62. Recuperado de: http://link.springer.com/article/10.1007/s12159-012-0064-2. (Consultado: 28/12/2014).

Cavinato, J. L. (1992). «A total cost/value model for supply chain competitiveness». *Journal of Business Logistics, 13*(2), 285.

Cecere, L. (2015). *Supply chain metrics that matter.* Hoboken, Nueva Jersey: John Wiley & Sons.

Chambers, M. y Dinsomore. T. W. (2015). *Advanced analytics methodologies. Driving business value with analytics.* Nueva Jersey: Pearson Education, Inc.

Charron, R. Harrington, H. J. Voehl, F. y Wiggin, H. (2014). *The Lean Management Systems Handbook.* Florida: CRC Press.

Charvet, F., Cooper, M. y Gardner, J. (2011). «The intellectual structure of supply chain management: A Bibliometric approach». *Journal of Business Logistics, 29*(1), 47-73. doi: 10.1002/j.2158-1592.2008. tb00068.x.

Chaudhuri, S. y Dayal, U. (1997), «An overview of data warehousing and OLAP technology». *ACM SIGMOD Records, 26*(1), 65-74.

Chase, R. B., Jacobs, F. R. y Aquilano, N. J. (2004). *Operations management for competitive advantage* (10.ª ed.). Nueva York: McGraw-Hill; Irwin.

Chen, K. C. W. y Jevons Lee, C. W. (1995). «Accounting measures of business performance and Tobin's q theory». *Journal of Accounting Auditing y Finance, 10*(3), 587-609.

Chen, L. y Lee, H. (2009). «Information sharing and order variability control under a generalized demand model». *Management Science, 55*(5), 781-797. doi: 10.1287/mnsc.1080.0983.

Chopra, S. y Meindl, P. (2001). *Supply chain management. Strategy, planning and operation.* Nueva Jersey: Prentice-Hall.

— y Sodhi, M. S. (2004). «Managing risk to avoid supply-chain breakdown». *MIT Sloan Management Review, 46*, 53-61.

— y Meindl, P. (2013). *Supply chain management. Strategy, planning and operation* (5.ª ed.). Nueva Jersey: Prentice-Hall.

Christopher, M. (1992). *Logistics y supply chain management.* Londres: Pitmans.

— (1998). *Logistics y supply chain management: estrategies for reducing cost and improving serivce.* Nueva Jersey: Financial Times Press.

— (2000). «The agile supply chain: Competing in volatile markets». *Industrial Marketing Management, 29*(1), 37-44. doi: 10.1016/S0019-8501(99)00110-8.

— (2011) *Logistics y supply chain management* (4.ª ed.). Nueva Jersey: Financial Times Press.

— y Towill, D. R. (2001). «An integrated model for the design of agile supply chains». *International Journal of Physical Distribution y Logistics Management, 31*(4), 235-246. doi: 10.1108/09600030110394914.

— y Towill, D. R. (2002). «Developing market specif supply chain strategies». *The International Journal of Logistics Management, 13*(1), 1-14. doi: 10.1108/09574090210806324.

— y Peck, H. (2004). «Building the resilient supply chain». *International Journal of Logistics Management, 5*(2), 1-14. doi: 10.1108/09574090410700275.

Cohen, S. y Roussel, J. (2013). *Strategic supply chain management: The five core disciplines for top performance* (2.ª ed.). Nueva York: McGraw-Hill Education.

Coimbra, E. A. (2013). *Kaizen in logistics y supply chains.* Nueva York: McGraw-Hill Professional.

Cooke, J. A. (2014). *Protean supply chains: Ten dynamics of supply and demand alignment* [iBook]. Recuperado de: https://itunes.apple.com/es/app/ibooks/id364709193?mt=8. (Consultado: 8/4/2016).

Cooper, M. C., Ellram, L. (1993). «Characteristics of supply chain management and the Implications for Purchasing and Logistics Strategy». *The International Journal of Logistics Management, 4*(2), 13-24.

—, Lambert, D. M. y Pagh, J. D. (1997). «Supply chain management: More than a new name for logistics». *The International Journal of Logistics Management,* *8*(1), 1-14. Recuperado de: www.emeraldinsight.com/doi/pdfplus/10.1108/09574099710805556. (Consultado: 12/10/2014).

Cordón, C., Sundtoft, K. y Seifert, R. W. (2012). *Strategic supply chain management.* Londres: Routledge.

Council of Supply Chain Management Professionals. (2004). *Supply chain management process standards: Deliver.* Chicago, Illinois: Council of Supply Chain Management Professionals.

— (2004). *Supply chain management process standards: Enable.* Chicago, Illinois: Council of Supply Chain Management Professionals.

— (2004). *Supply chain management process standards: Make.* Chicago, Illinois: Council of Supply Chain Management Professionals.

— (2004). *Supply chain management process standards: Plan.* Chicago, Illinois: Council of Supply Chain Management Professionals.

— (2004). *Supply chain management process standards: Return.* Chicago, Illinois: Council of Supply Chain Management Professionals.

— y Gibson, B. J., Hanna, J. B., Clifford Defee, C. y Chen, H. (2013). *The definitive guide to integrated supply chain management: Optimize the interaction between supply chain processes, tools and technologies.* Londres: Pearson Education.

— y Frankel, M. R. (2014). *The definitive guide to supply chain best practices.* Londres: Pearson Education.

Craighead, C. W., Blackhurst, J., Rungtusanatham, M. J. y Handfield, R. B. (2007). «The severity of supply chain disruptions: design characteristics and mitigation capabilities». *Decision Sciences,* *38*(1), 131-156. doi: 10.1111/j.1540-5915.2007.00151.x.

Datta, P. P. (2007). *A complex system, agent based model for studying and improving the resilience of production and distribution networks* (Tesis doctoral). Recuperada de Cranfield Collection of E-Research-CERES (N.° de acceso: 1826/1757).

Davis, D. (1995). State of a new art: manufacturers and trading partners learn as they go. *Manufacturing Systems, 13*(8), 2-10.

Davis, M., Aronow, S., Barrett, J., Jacobson, S. F. y Sterneckert, K. (2011). «Demand-driven value networks: Supply chain capabilities road map for growth, agility and competitive advantage». *Gartner* (G00214583). Recuperado de: http://insight.datamaticstech.com/dtlsp/confirmit/Gartner/P-12018/demanddriven_value_networks__214583.pdf. (Consultado: 12/10/2014).

Decovny, S. (2011). «Chain reaction: due diligence on supply-chain management offers clues about performance». *CFA Magazine, septiembre-octubre de 2011,* 24-25. Recuperado de: www.cfapubs.org/doi/pdf/10.2469/cfm.v22.n5.17. (Consultado: 12/11/2014)

Dirlea, V., Harris, H. y Chiang, P. (2013). «Achieving excellence to perform in good times or bad». *Supply Chain Management Review, octubre de 2013,* 56-57.

Dold, D. (2014). «Supply chains (networks) compete, not companies». Recuperado de la página de Internet de Lean Interim: www.lean-interim.com/supply-chains-networks-compete-not-companies. (Consultado: 12/11/2015).

Donizeti, A., Hideki, H. y Yoshihiro, N. (2016). «An analysis of bibliometric indicators to JCR according to Benford's Law». *Scientometrics, 107,* 1489-1499. doi: 10.1007/s11192-016-1908-3.

Dornier, P. P., Ernst, R., Fender, M. y Kouvelis, P. (1998). *Global operations and logistics: Texts and cases.* Hoboken, Nueva Jersey: John Wiley & Sons.

Dudek, G. (2009). *Collaborative planning in supply chains. A negotiation-based approach* (2.ª ed.). [iBook] Recuperado de: https://itunes.apple.com/es/app/ibooks/id364709193?mt=8 (Consultado: 12/6/2015).

Ellram, L. M. y Cooper, M. C. (1990). «Supply chain management, partnership, and the shipper-third party relationship». *The International Journal of Logistics Management, 1*(2), 1-10.

— (1993). «Characteristics of supply chain management and the implications for purchasing and logistics strategy». *International Journal of Logistics Management, 4*(2), 1-10.

— (1993). «The relationship between supply chain management and Keiretsu». *The International Journal of Logistics Management, 4*(1), 1-12. Recuperado de: www.emeraldinsight.com/doi/pdfplus/10.1108/09574099310804911. (Consultado: 12/10/2014).

Elrod, C., Murray, S. y Bande, S. (2013). «A review of performance metrics for supply chain management». *Engineering Management Journal, 25*(3), 39-50. doi: 10.1080/10429247.2013.11431981.

Emmett, S. y Crocker, B. (2010). *Excellence in global supply chain management. Understanding and improving global supply chains* [iBook]. Cambridge Media Group. Recuperado de: https://itunes.apple.com/es/app/ibooks/id364709193?mt=8. (Consultado: 5/5/2015).

Escaith, H., Lindenberg, N. y Miroudot, S. (2010). «International supply chains and trade elasticity in times of global crisis». (ERSD-2010-08). World Trade Organization Economic Research and Statistics Division, Ginebra, Suiza.

Fantazy, K. A. (2007). *An empirical study of the relationships among strategy, flexibility, and performance in the supply chain context: a path analysis approach* (Tesis doctoral). Eric Sprott School of Business, Carleton University, Ottawa, Canadá.

Farris II, M. T., Hutchison, P. D. y Hasty, R. W. (2005). «Using cash-to-cash benchmark service industry performance». *Journal of Applied Business Research, 21*(2), 1-123. doi: 10.19030/jabr.v21i2.1494.

Ford, H. (2003). *Today and tomorrow.* Boca Ratón, Florida: CRC Press Taylor y Francis Group (edición reimpresa del original publicado en 1926, Garden City, Nueva York: Doubleday, Page y Company).

Frazelle, E. (2002). *Supply chain strategy. The logistics of supply chain management.* Nueva York: McGraw-Hill.

— y Rey, M. (1997). *Logistics performance cost, and value measures.* Logistics Resources International. Atlanta. Georgia.

Freed, A. y Ulrich, D. (2015). «Calculating the market value of leadership». Recuperado de la página de Internet de Harvard *Business Review*:   https://hbr.org/2015/04/calculating-the-market-value-of-leadership. (Consultado: 17/4/2015).

Fung, V. K., Fung, W. K. y Wind, Y. J. (2008). *Competing in a flat world: Building enterprises for a borderless world.* Londres: Pearson Education.

Gangnes, B. S., Ma, A. C. y Van Assche, A. (2014). «Global value chains and trade elasticities». *Economics Letters 124*(3), 482-486. doi: 10.1016/j.econlet.2014.07.018.

García, H. (2009). *A capability maturity model to assess supply chain performance* (Tesis doctoral). Florida International University, Florida. Recuperado de ProQuest ETD Collection for FIU (N.° de acceso: AAI3380839).

Gartner Inc. (2014). «Gartner Says Worldwide IT Spending on Pace to Reach $3.8 Trillion in 2014». Recuperado de la página de Internet de Gartner: www.gartner.com/newsroom/id/2643919. (Consultado: 14/6/2016).

Gasiorowski-Denis, L. (2012, June 5). «ISO publishes new standard for business continuity management». Recuperado de la página de Internet de ISO: www.iso.org/iso/news.htm?refid=Ref1587. (Consultado: 28/8/2016).

Gentry, J. (1993). «Strategic alliances in purchasing: transportation is the vital link». *International Journal of Physical Distribution y Logistics Management, 29*(2), 11-17. doi: 10.1111/j.1745-493X.1993.tb00008.x.

Georgia Tech Supply Chain y Logistics Institue (GTSCJI) (s.f.). «The Evolution of SCL». Recuperado de la página de Internet de Georgia Tech Supply Chain y Logistics Institue: www.scl.gatech.edu/about/scl/history. (Consultado 6/4/2016).

Gilmour, P. (1999). «Benchmarking supply chain operations». *International Journal of Physical Distribution and Logistics Management, 29*(4), 259-266. doi: 10.1108/09600039910273975.

Giménez C. y Ventura, E. (2003*a*). «Supply chain management as a competitive advantage in the Spanish Grocery Sector». GREL-IET, Universitat Pompeu Fabra. Recuperado de: http://citeseerx.ist.psu.edu/viewdoc/download?doi=10.1.1.199.3953&rep=rep1&type=pdf. (Consultado: 8/1/2015).

— (2003*b*). «Supply chain management as a competitive advantage in the Spanish grocery sector» (Artículo modificado del anterior). *International Journal of Logistics Management, 14*(1), 77-88.

— (2005). «Logistics-production, logistics-marketing and external integration: Their impact on performance». *International Journal of Operations y Production Management, 25*(1), 20-38. Recuperado de: https://repositori.upf.edu/bitstream/handle/10230/459/657.pdf?sequence=1. (Consultado: 4/5/2016).

Giunipero, L. C. y Brand, R. R. (1996). «Purchasing role in supply chain management». *The International Journal of Logistics Management, 7*(1), 30.

Gligor, D. M. y Holcomb, M. C. (2012*a*). «Antecedents and consequences of supply chain agility: Establishing the link to firm performance». *Journal of Business Logistics, 33*(4), 295-308. doi: 10.1111/jbl.12003.

— (2012*b*). «Understanding the role of logistics capabilities in achieving supply chain agility: a systematic literature review». *Supply Chain Management: An International Journal, 17*(4), 438-453. doi: 10.1108/13598541211246594.

— y Stank, T. P. (2013). «A multidisciplinary approach to supply chain agility: conceptualization and scale development». *Journal of Business Logistics, 34*(2), 94-108. doi: 10.1111/jbl.12012.

Grant, R. M. (2012). *Contemporary strategy analysis* (8.ª ed.). Hoboken, Nueva Jersey: John Wiley & Sons.

Grimm, C. M. (2008). «The application of industrial organization economics to supply chain management research». *Journal of Supply Chain Management, 44*(3), 3. Recuperado de: www.freepatentsonline.com/article/Journal-Supply-Chain-Management/183436975.html. (Consultado: 6/6/2015).

Grunert, K. G. y Ellegaard, C. (1992). «The concept of key success factors: theory and method» (MAPP Working paper n.º 4). Recuperado de la página de Internet de Medarbejdere.au.dk: http://pure.au.dk/ws/files/32299581/wp04.pdf (Consultado: 4/6/2016).

Gulati, R. (2010). *Reorganize for resilience: putting customers at the center of your business.* Boston: Harvard Business School Publishing Corporation.

Gunasekaran, A. y Kobu, B. (2007). «Performance measures and metrics in logistics and supply chain management: a review of recent literature (1995-2004) for research and applications». *International Journal of Production Research, 45*(12), 2819-2840. doi: 10.1080/00207540600806513.

Gunasekaran, A., Patel, C. y McGaughey, R. E. (2004). A framework for supply chain performance measurement. *International Journal of Production Economics, 87*(3), 333-347. doi: 10.1016/j.ijpe.2003.08.003.

Gunawardhana, N., Suzuki, S. y Enkawa, T. (2014). «Supply chain management with leanness and agility: A value network perspective with a B2B Apparel case study». *Journal of Japan Industrial Management Association, 64*(4), 591-600.

Hammel, T. R. y Kopczak, L. R. (1993). «Tightening the supply chain». *Production and Inventory Management Journal, 34*(2), 63.

Handfield, R. B. y Nichols, E. L., Jr. (1999). *Introduction to supply chain management.* Nueva Jersey: Prentice Hall.

Harada, T. (2015). *Management lessons from Taiichi Ohno: What every leader can learn from the man who invented the Toyota production system.* Nueva York: McGraw-Hill Education.

Harrington, H. J. (1991). *Business processes improvement: the breakthrough estrategy for total quality, productivity, and competitiviness.* Nueva York: McGraw-Hill.

Harvard Business Review. (2011). *Harvard Business Review on managing supply chains* [iBook]. Harvard Business School Press. Recuperado de: https://itunes.apple.com/es/app/ibooks/id364709193?mt=8. (Consultado: 8/3/2015).

Heckmann, P., Shorten, D. y Engel, H. (2003). «Capturing the value of supply chain management». Recuperado de la página de Internet de Strategy+business: www.strategy-business.com/article/22165?pg=all. (Consultado: 11/11/2014).

Higgins, R. C. (2009). *Analysis for financial management* (9.ª ed.). Nueva York: McGraw-Hill.

Hiles, A. (2008). *The definitive handbook of business continuity management* (2.ª ed.). Hoboken, Nueva Jersey: John Wiley & Sons.

Hill, T. (1993). *Manufacturing Strategy: Text and cases* (2.ª ed.) Londres: MacMillan Press.

— (1999). *Manufacturing strategy: Text and cases* (3.ª ed.). Boston: Irwin Professional Publishing.

Hines, T. (2013). *Supply chain strategies, demand driven and customer focused* (2.ª ed.). Londres: Routledge.

Hoberg, K. y Alicke, K. (2013). «5 lessons for supply chains from the financial crisis». *Supply Chain Management Review, octubre de 2013,* 48-55.

Hofman, D. (2004). «The hierarchy of supply chain metrics: diagnosing your supply chain health». *ABM Research.* Recuperado de: www.tecsys.com/blog/wp-content/uploads/2013/07/AMR_Research_REPORT_16962__The_Hierarchy_of_Supply_Chain_Metrics.pdf. (Consultado: 11/11/2014).

—, Barret, J. y Cecere, L. (2008). «Benchmark your supply chain: seven factors for success. Industry value chain strategy report». *AMR Research.* Recuperado de: ftp://public.dhe.ibm.com/software/data/sw-library/cognos/pdfs/analystreports/ar_benchmark_your_supply_chain_seven_factors_for_success.pdf. (Consultado: 11/11/2014).

—, Aronow, S. y Nilles, K. (2013). «The 2013 supply chain. Learning from leaders». *Supply Chain Management Review.* Recuperado de: www.scmr.com/article/the_2013_supply_chain_top_25_learning_from_leaders. (Consultado: 8/1/2015).

Howell, R. A. (2006). «The CFO: From controller to global strategic partner». *Financial Executive, 22*(3), 20-25.

Hu, Y. (2013). *The modeling, analysis and control of resilient manufacturing enterprises.* (Tesis doctoral). University of Kentucky. Recuperado de UKnowledge (Theses and Dissertations—Electrical and Computer Engineering, 15): http://uknowledge.uky.edu/cgi/viewcontent.cgi?article=1014&context=ece_etds. (Consultado: 12/4/2015).

Hull, B. (2005). «The role of elasticity in supply chain performance». *International Journal of Production Economics, 98*(3), 301-314. doi: 10.1016/j.ijpe.2004.9.013.

Hult, T., Closs, D. y Frayer, D. (2013). *Global supply chain management: Leveraging processes, measurements, and tools for strategic corporate advantage.* Nueva York: McGraw-Hill Professional.

IMD World Competitiveness Center. (2016). «Fundamentals of competitiveness: proposed updated definition». Recuperado de la página de Internet de IMD World Competitiveness Center: www.imd.org/wcc/ fundamentals-of-competitiveness. (Consultado: 30/5/2016).

Iyer, A. V., Seshadri, S. y Vasher, R. (2009). *Toyota supply chain management. A strategic approach to the principles of Toyota's renowned system.* Nueva York: McGraw-Hill Education.

Jacoby, D. (2009). *Guide to supply chain management: How getting it right boosts corporate performance* [iBook]. Bloomberg Press Recuperado de: https://itunes.apple.com/es/app/ibooks/id364709193?mt=8. (Consultado: 12/7/2015).

Jaegler, A. y Sarkis, J. (2014). «The theory and practice of sustainable supply chains». *Supply Chain Forum, 15*(1), 2-5. Recuperado de: www. supplychain-forum.com/documents/articles/SCFIJvol15-1-2014-Edito-Jaegler&Sarkis.pdf. (Consultado: 8/1/2015).

Johansson, H. J., McHugh, P., Pendlebury, A. J. y Wheeler, W. A. (1993). *Business process reengineering: breakpoint strategies for market dominance.* Hoboken, Nueva Jersey: John Wiley & Sons.

John, A. (2003). *An empirical framework for evaluating, implementing and managing a value-based supply chain strategy* (Tesis doctoral), School of Management, University of Bath, Reino Unido. Recuperado de AS Librari Service: http://las.sinica.edu.tw:1085/search~S0?/d0508/ d++++0508/-3 %2C-1 %2C0 %2CE/frameset&FF=d++++0511&148 %2C %2C1128. (Consultado: 7/1/2015).

Johnson, M. E. (1995). «Gaining an edge with supply chain management». *APICS - The Performance Advantage, 5*(12), 26-31.

— y Davis, T. (1998). «Improving supply chain performance by using order fulfilment metrics». *National Productivity Review. 17*(3), 3-16. doi: 10.1002/npr.4040170304.

Jüttner, U., Peck, H. y Christopher, M. (2003). «Supply chain risk management: outlining an agenda for future research». *International Journal of Logistics Research and Applications, 6*(4), 197-210.

Kainuma, Y. (2012). «Research in the Supply Chain Performance and Resilience of Japanese Firms». En *Proceedinings of the Asia Pacific Industrial Engineering y Management Science Conference 2012.*

Kajüter, P. (2003). «Risk management in supply chains». En S. Seuring, M. Müller, M. Goldbach y U. Shneidewind (eds.): *Strategy and organization in Supply Chains.* Heidelberg: Physica-Verlag, 321-336.

Kanai, T., Jian, L. y Kinifuji, S. (2000). «Related document-based information filtering applied to the association model information retrieval system». En: *Knowledge-Based Intelligent Engineering Systems and Allied Technologies,* 2000. Proceedings. Fourth International Conference. IEEE, 1, 225-228.

Kane, D. (2008). «A global view of supply chain management» (entrevista con Douglas Lambert, director del Global Supply Chain Management Forum). *University of Auckland Business Review, 10*(2), 31-35.

Kaplan, R. S. (1984). «The evolution of management accounting». *The Accounting Review, 59*(3), 390-418.

— y Norton, D. P. (1996). *The balanced scorecard: Translating strategy into action.* Boston: Harvard Business School Press.

Kent, J. L. y Flint, D. J. (1997). «Perspectives on the evolution of logistics thought». *Journal of Business Logistics, 18*(2), 20.

Ketchen, D. J., Hult, Jr. y Thomas, M. (2011). «Building theory about supply chain management: some tools from the organizational sciences» (Report). *Journal of Supply Chain Management, 47*(2).

Kildow, B. A. (2011). *A supply chain management guide to business continuity.* Nueva York: American Management Association.

Knowledge@Wharton (12 de enero de 2011). «Supply-chain Management: Growing Global Complexity Drives Companies into the 'Cloud'». Recuperado de: http://knowledge.wharton.upenn.edu/article/supply-chain-management-growing-global-complexity-drives-companies-into-the-cloud. (Consultado el 20/11/2014).

Konecka, S. (2010). «Lean and agile supply chain management concepts in the aspect of risk management». *Electronic Scientific Journal of Logistics. 6*(4) 3, 23-31. Recuperado de: http://logforum.net/pdf/6_4_3_10.pdf. (Consultado: 1/6/2016).

Kouvelis, P., Dong, L., Boyabatli, O. y Li, R. (eds.). (2012). *Handbook of integrated risk management in global supply chains.* Hoboken, Nueva Jersey: John Wiley & Sons.

Lai, K. H., Ngai, E. W. T. y Cheng, T. C. E. (2001, Julio 4-7). *Measures for evaluating supply chain performance in transport logistics industry.* Trabajo presentado en Proceedings of The International Association of Maritime Economists IAME Annual Conference, celebrada en Hong Kong, 481-486. doi: 10.1016/S1366-5545(02)00019-4. Recuperado de: www.researchgate.net/publication/27411951_Measures_for_evaluating_supply_chain_performance_in_transport_logistics (Consultado: 2/8/2015).

—, Ngai, E. W. T. y Cheng, T. C. E. (2002). «Measures for evaluating supply chain performance in transport logistics industry». *Transpor research part E,* 38, 439-456.

Lalonde, B. (1983). «A reconfiguration of logistics systems in the 80s: strategies and challenges». *Journal of Business Logistics, 4*(1).

— (1997). «Supply Chain Management: Myth or Reality?» *Supply Chain Management Review, 1,* 6-7.

Lama, J. L. y Lario, F. C. (2005). *Análisis del modelo SCOR para la gestión de la cadena de suministros.* Trabajo presentado en IX Congreso de Ingeniería de Organización, celebrado en Gijón del 8 al 9 de septiembre de 2005. Recuperado de: http://xem.mex.tl/images/31616/modeloscor.pdf. (Consultado: 28/10/2015).

Lambert, D. M. (2003). *Supply chain management.* Trabajo presentado en The Global Supply Chain Forum. Recuperado de: http://www.eng.auth.gr/mattas/foodima/lamb1.pdf. (Consultado 2/8/2015).

— (2008). *Supply chain management: Processes, partnerships, performance* (3.ª ed.). Sarasota, Florida: Supply Chain Management Institute (8).

—, Cooper, M. C. y Pagh, J. D. (1998). *«*Supply chain management: implementation issues and research opportunities*».* *The International Journal of Logistics Management, 9*(2), 1-19. Recuperado de: http://ecsocman.hse. ru/data/676/863/1219/article1.pdf (Consultado: 8/1/2014).

— y Cooper, M. C. (2000). «Issues in supply chain management». *Industrial Marketing Management, 29,* 65-83. Recuperado de: www.hatfieldandassociates.com/pdf/issues_in_scm.pdf (Consultado: 8/1/2014).

Larson, P. D. y Halldorsson, A. (2004) «Logistics versus supply chain management: An international survey». *International Journal of Logistics Research and Applications, 7*(1), 17-31. Recuperado de: www.tandfonline. com/doi/pdf/10.1080/13675560310001619240 (Consultado: 7/4/2016).

Laseter, T. y Oliver, K. (2003). «When will supply chain management grow up?*» Strategy+Business Magazine, 32,* 1-5. Recuperado de: www.strategy-business.com/media/file/03304.pdf (Consultado: 8/1/2015).

Lee, H. L. (2000). «Creating value trhough Supply Chain integration». *Supply Chain Management Review, septiembre-octubre de 2000,* 40-46.

— (2002). «Aligning supply chain strategies with product uncertainty». *California Management Review, primavera de 2002,* 105.

— (2003). «Aligning supply chain strategies with product uncertainties». *IEEE Engineering Management Review, 44*(2), 26-26. doi: 10.1109/ EMR.2003.1207060.

— (2004). «The triple-A supply chain». *Harvard Business Review, octubre de 2004.* Recuperado de: http://file.seekpart.com/keywordpdf/2010/12/22/2010122294137780.pdf (Consultado: 12/7/2015).

— y Billington, C. (1992). «Managing supply chain inventory: pitfalls and opportunities». *Sloan Management Review, 33*(3), 65.

— y Seungjin W. (1998). *Information Sharing in a Supply Chain* (working paper). Standford: Stanford Graduate School of Business. Recuperado de: www.gsb.stanford.edu/gsb-cmis/gsb-cmis-download-auth/318156 (Consultado: 2/6/2016).

Li, J., Chen, J. y Wang, S. (2011). *Risk management of supply and cash flows in supply chains* [iBook]. Springer+Business Media. Recuperado de: https://itunes.apple.com/es/app/ibooks/id364709193?mt=8. (Consultado: 4/6/2015).

Li, S., Ragu-Nathan, B., Ragu-Nathan, T. S. y Rau, S. (2006). «The impact of supply chain management practices on competitive advantage and organizational performance». *Omega. The International Journal of Management Science, 34*(2), 107-124.

Li, X. (2009). *Foundations of supply chain agility: a work design perspective.* (Tesis doctoral). Gatton College of Business and Economics, University of Kentucky, Lexington.

—, Chung, C., Goldsby, T. J. y Holsapple, C. W. (2008). «A unified model of supply chain agility: the work-design perspective». *The International Journal of Logistics Management, 19*(3), 408-435. doi: 10.1108/09574090810919224.

Loach, J. W. de (2000). *Enterprise risk management: strategies for linking risk and oportunity.* Nueva York: Financial Times; Prentice Hall.

Lu, J. W., y Beamish, P. W. (2004). «International diversification and firm performance: The S-curve hypothesis». *Academy of Management Journal, 47*(4), 598-609.

— (2006). «SME internationalization and performance: Growth vs. profitability». *Journal of International Entrepreneurship, 4*(1), 27-48.

Lummus, R. R. y Vokurka, R. J. (1997). «Defining supply chain management: a historical perspective and practical guidelines». *Industrial Management y Data Systems, 99*(1), 11-17.

Ma, H. (2000). «Competitive advantage and firm performance». *Competitiveness Review, 10,* 15-32. doi: 10.1108/eb046396.

Machuca, J. A. D., Morita, M. F., Lynn, B. B. (2011). «Towards high performance manufacturing» (editorial). *International Journal of Production Economics, 133*(2), 487-488.

Manners-Bell, J. (2014). *Supply chain risk. Understanding emerging threats to global supply chain* [iBook]. Kogan Page Limited. Recuperado de:

https://itunes.apple.com/es/app/ibooks/id364709193?mt=8. (Consultado: 4/6/2015).

Manrodt, K. B., Gibson, B. y Rutner, S. (2005). *Communicating the value of supply chain management to your CEO*. CSCMP, 23.

Manuj, I. y Mentzer, J. T. (2008). «Global supply chain risk management». *Journal of Business Logistics*. *29*(1), 133-155.

Marien, E. J. (2003). SCM y Logistics: «What's the difference». *Inbound Logistis Magazine, febrero de 2013*. Recuperado de: www.inboundlogistics.com/cms/article/scm-and-logistics-whats-the-difference. (Consultado: 12/2/2016).

Martin, J. W. (2014). *Lean six sigma for supply chain management. A 10-step solution process* (2.ª ed.). Nueva York: McGraw-Hill Professional.

Mason-Jones, R. y Towill, D. (1998). «Shrinking the Supply Chain Uncertainty Circle». *Control, septiembre*, 17-22.

— y Towill, D., (1999). «Using the Information Decoupling Point to Improve Supply Chain Performance». *International Journal of Logistics Management, 10*(2),13-26.

—, Naylor, B. y Towill, D. R. (2000). «Lean, agile or leagile? Matching your supply chain to the marketplace». *International Journal of Production Research, 38*(17), 4061-4070, doi: 10.1080/0020754005020492.

Mayer, A. (2013). «Supply chain metrics that matter: a critical look at operating margin». Recuperado de la página de Internet de Supply Chain Insights LLC: http://supplychaininsights.com/supply-chain-metrics-that-matter-a-critical-look-at-operating-margin. (Consultado: 23/9/2014).

McKinsey y Company, Koller, T., Goedhart, M. y Wessels, D. (2010). *Valuation: Measuring and managing the value of companies* (5.ª ed.). Hoboken, Nueva Jersey: John Wiley & Sons.

McManus, S., Seville, E., Brunsdon, D. y Vargo, J. (2007). *Resilience management: a framework for assessing and improving the resilience of organisations*. Resilient Organisations research report. Nueva Zelanda.

McNair, C. J. (1999). «Implementing integrated supply chain management for competitive advantage». Recuperado de la página de Internet de The

Assotiation of Accountants and Financial Professionals in Business: www.imanet.org/search/#keyword=McNair&hawktabfield=it&it=content. (Consultado: 2/12/2015).

McNeill, W. (2014). *«Gartner supply chain management key initiatove overview»*. Recuperado de la página de Internet de Gartner: www.gartner.com/doc/2700618/supply-chain-management-key-initiative?docdisp=share. (Consultado: 12/8/2015).

McWilliams, A. (2015). *Corporate social responsibility* (vol. 12): *Strategic Management. Wiley Encyclopaedia of Management.* Hoboken, Nueva Jersey: John Wiley & Sons. doi: 10.1002/9781118785317. weom120001. Recuperado de Wiley Online Library: http://onlinelibrary.wiley.com/doi/10.1002/9781118785317.weom120001/full. (Consultado: 16/8/2015).

Mentzer, J. T. (2004). *Fundamentals of supply chain management: Twelve drivers of competitive advantage.* Thousand Oaks, California: Sage Publications.

— y Konrad, B. P. (1991). An effciency/effectiviness approach to logistics performance analysis. *Journal of Business Logistics, 12*(1), 33-62.

—, DeWitt, W., Keebler, J. S., Min, S., Nix, N. W., Smith, C. D. y Zacharia, Z. G. (2001). *«Defining supply chain management». Journal of Business Logistics, 22*(2). Blackwell Publishing. doi: 10.1002/j.2158-1592.2001.tb00001.x. Recuperado de: www.aui.ma/personal/~A. Berrado/MGT5309/DEFINING %20SUPPLYCHAIN %20MANAGEMENT_Metzner %20et %20al. %202001.pdf. (Consultado: 24/4/2016).

Michigan State University, Global Logistics Research Team y Council of Logistics Management (US). (1995). *World class logistics: the challenge of managing continuous change.* Council of Logistics Management.

Miles, A. (2002). *Diccionario de economía y empresa, español-inglés, inglés-español.* Barcelona: Ediciones Gestión 2000.

Miller, C. A. (2001). *The nature and design of supply chain performance measurement systems - an empirical study* (Tesis doctoral), The Mary Jean and Frank P. Smeal College of Business Administration, Pennsylvania State University. Recuperado de ProQuest (N.º de acceso 3014669).

Miller, J., Wroblewski, M. y Villafuerte, J. (2013). *Creating a Kaizen culture: Align the organization, achieve breakthrough results, and sustain the gains.* Nueva York: McGraw-Hill Education.

MIT Forum for Supply Chain innovation (2013*a*). «Making the right risk decisions to strengthen operations performance». Recuperado de la página de Internet de PwC: www.pwc.com/gx/en/operations-consulting-services/pdf/pwc-and-the-mit-forum-for-supply-chain-innovation_making-the-right-risk-decisions-to-strengthen-operations-performance_st-13-0060.pdf. (Consultado: 3/8/2015).

— (2013*b*). *MIT Forum for Supply Chain Innovation releases risk report.* Recuperado de la página de Inernet de MIT News: http://news.mit.edu/2013/mit-forum-for-supply-chain-innovation-releases-risk-report (Consultado: 3/8/2015).

Monczka, R. M. (2011). *Purchasing and supply chain management* (5.ª ed.). Boston: Cengage Learning; Mason, Ohio: South-Western.

—, Handfield, R. B., Giunipero, L. C. y Patterson, J. L. (2009). *Purchasing and supply chain management.* Mason, Ohio: South-Western.

— Handfield, R. B., Giunipero, L. C. y Patterson, J. L. (2014). *Purchasing and supply chain management* (6.ª ed.). Boston: Cengage Learning.

Moon, M. A. (2013). *Demand and supply integration: The key to world-class demand forecasting.* Londres: Pearson Education, FT Press.

Morita, M. y Calvo, J. (2016). *Envisioning supply chain management 4.0: How Japanese Manufacturing Companies Design Supply Chain Strategies Towards Industry 4.0.* Trabajo presentado en la CSCMP's 2016 Annual Conference, celebrada en Orlando.

—, y Flynn, E. J. (1997). «The linkage among management systems, practices and behaviour in succesful manufacturing strategy». *International Journal of Operations & Production Management, 17*(10), 967-993. doi:10.1108/01443579710176933.

— Flynn, E. J. y Ochiai, S. J. P. (2011). «Strategic management cycle: The underlying process building aligned linkage among operations practices». *International Journal of Production Economics, 133*(2), 530-540.

— Machuca, J. A. D., Flynn, E. J. and Pérez de los Ríos, J. P. (2015). «Aligning product characteristics and the supply chain process. A normative perspective». *International Journal of Production Economics, 161*(C), 228-241.

—, Calvo, J. y Shirota, Y. (2016). Envisioning SCM 4.0. *CSCMP's Supply Chain Quarterly Magazine, octubre.*

Myerson. P. A. (2015). *Supply chain and logistics management made easy.* Nueva Jersey: Pearson Education.

Naim, M. M. y Gosling, J. (2011). On leanness, agility and leagile supply chains. *International Journal of Production Economics, 131*(1), 342-354. doi: 10.1016/j.ijpe.2010.04.045.

Naslund, D. y Williamson, S. (2010). «What is management in supply chain management? A critical review of definitions, frameworks and terminology». *Journal of Management Policy and Practice, 11*(4), 11-28. Recuperado de: http://m.www.na-businesspress.com/JMPP/Naslund-Web.pdf. (Consultado: 6/11/2015).

Neely, A., Gregory, M y Platts, K. (2005). «Performance measurement system design: A literature review and research agenda». *International Journal of Operations y production Management, 25*(12), 1228-1263. doi: 10.1108/01443579510083622.

— y Najjar, M. A. (2006). «Management learning not management control: the true role of performance measurement?» *California Management Review, 8*(3), 668-689.

Nightingale, D. (2005). «Lean supply chain management principles and practices». Recuperado de la página de Internet de Massachusetts Institute of Technology: http://ocw.mit.edu/courses/aeronautics-and-astronautics/16-852j-integrating-the-lean-enterprise-fall-2005/lecture-

Novack, R. A., Langley Jr, C. J. y Rinehart, L. M. (1995). *Creating logistics value: themes for the future.* Oak Brook, Illinois: Council of Logistics Management.

O'Marah, K., John, G., Blake, B. y Manenti, P. (2014). *The chief supply chain officer report 2014: Pulse of the profession. SCM World.* Recuperado de: www.e2open.com/assets/pdf/papers-and-reports/SC-

MWorld_Chief_Supply_Chain_Officer_Report_2014.pdf. (Consultado: 28/11/2014).

Ohno, T. (1988). *Toyota production system: beyond-large scale production.* Boca Raton, Florida: CRC Press Taylor y Francis Group.

— (2013). *Taichi Ohno's workplace management, special 100ᵗʰ birthday edition.* Nueva York: McGraw Hill.

Ojha, D. (2008). *Impact of strategic agility on competitive capabilities and financial performance* (Tesis doctoral). Ann Arbor: Graduate School of Clemson University. Recuperado de ProQuest (N.º de acceso 3339487).

Oliveira, A. y Gimeno, A. (2014). *Supply chain management strategy. Using SCM to create greater corporate efficiency and profits.* Londres: Pearson Education.

Ortiz, C. A. (2009). *Kaizen and the Kaizen event implementation.* Londres: Pearson Education.

Pairet, J. Y. (2009). *Méthodologie d'évaluation de la résilience* (Tesis doctoral). École Polytechnique Montréal, Canadá. Recuperado de ProQuest (N.º de acceso MR53917).

Parmar, D. (2007). *Mitigating supply chain disruption risk using sense and respond framework* (Tesis doctoral). Arizona State University, Estados Unidos. Recuperado de ProQuest (N.º de acceso 304896683).

Partida, B. (2013). «The importance of a thorough, well-managed risk strategy». *Supply Chain Management Review, octubre,* 70-72.

Paulraj, A. y Chen, I. J. (2007). «Environmental uncertainty and strategic supply management: A resource dependence perspective and performance implications». *Journal of Supply Chain Management, 43*(3), 29-43. doi: 10.1111/j.1745-493X.2007.00033.x.

Paulsson, U. (2004). «Supply chain risk management». En C. Brindley (ed.): *Supply chain risk* (pp. 79-96). Burlington, Reino Unido: Ashgate Publishing.

Peck, H. (2003). *Supply chain resilience. UK Department of Transport.* Cranfield, Reino Unido: Cranfield University.

Petersen, K. J. Ragatz, G. L. y Monczka, R. M. (2005). «An examination of collaborative planning effectiveness and supply chain performance». *Journal of Supply Chain Management, 41*(2) 14-25. Disponible en Wiley Online Library: http://onlinelibrary.wiley.com/doi/10.1111/j.1055-6001.2005.04102002.x/abstract?userIsAuthenticated=false&deniedAccessCustomisedMessage=. (Consultado: 4/6/2015).

Pfaff, B. (2008). «VAR, SVAR and SVEC Models: Implementation Within R Package vars». *Journal of Statistical Software, 27*(4), 1-32.

Pfeiffer, E. H. (2013). *Lessons learned in supply chain leadership: a Delphi study* (Tesis doctoral). University of Phoenix, Estados Unidos. Recuperado de PQDT Open (N.º de acceso 3583296).

Pitera, K. A. y Goodchild, A. V. (2009). «Interpreting resilience: An examination of the use of resiliency strategies within the supply chain and consequences for the freight transportation system». En: *50th Annual Transportation Research Forum 2009, 1,* 492-509. Recuperado de: www.scopus.com/inward/record.url?eid=2-s2.0-84883770686&partnerID=tZOtx3y1. (Consultado: 18/7/2015).

Pohlen, T. L., Klammer, T. P. y Cokins, G. (2009). *The Handbook of Supply Chain Costing.* Chicago, Illinois: Council Of Supply Chain Management Professionals.

Ponis, S. T. y Koronis, E. (2012). «Supply chain resilience: definition of concept and its formative elements». *The Journal of Applied Business Research, 28*(5), 921-929.

Porter, M. (1985). *The Competitive Advantage: Creating and Sustaining Superior Performance.* Nueva York: Free Press.

— (2007). «La ventaja competitiva de las naciones». *Harvard Business Review, 85*(11), 69-95.

— (2009*a*). *Estrategia competitiva: técnicas para el análisis de la empresa y sus competidores.* Madrid: Pirámide.

— (2009*b*). *Ser competitivo.* Barcelona: Deusto.

Prakash, D. y Sunil Kumar, C. T. (2011). «Research results on the Japanese approach to supply chain management: Reliance on integration». *European Journal of Business and Management, 3*(12), 1-9.

Prater, E., Biehl, M. y Smith, M. A. (2001). «International supply chain agility - trade-offs between flexibility and uncertainty». *International Journal of Operations y Production Management, 21*(5/6), 823-839. doi: 10.1108/01443570110390507.

Presutti Jr., W. D. y Mawhinmey, J. R. (2007). «The supply chain - finance link». *Supply Chain Management Review, septiembre, 32-38.* Recuperado de: http://kscm.org/pds/board/42/SupplyChainFinanceLink-Article.pdf. (Consultado: 3/8/2015).

Raz, G. (2008). *Introduction to supply chain management.* Charlottesville, Virginia: University of Virginia Darden School Foundation.

Real Academia Española. (2001). *Diccionario de la lengua española* (22.ª ed.). Consultado en: http://dle.rae.es. (Consultado: 20/8/2016).

Rey-Marston, M. (2013). *Alignment of inter-firm performance measures in contractual alliances as a predictor of relationship success* (Tesis doctoral). School of Management, Cranfield University, Reino Unido. Recuperado de Cranfield CERES (N.º de acceso 1826/7955).

Rice Jr., J. B. y Hoppe, R. M. (2001). «Supply chain vs. supply chain. The hype y the reality». *Supply Chain Management Review, 5*(5), 47-54. Recuperado de: http://web.mit.edu/supplychain/repository/scvssc.pdf (Consultado: 4/6/2015).

Rimiene, K. y Bernatonyte, D. (2008). «Agility concept in supply chain management». Ponencia presentada en el XII Congreso Internacional Transport Means 2008. Recuperado de: https://getinfo.de/en/search/id/BLCP %3ACN072992190/Agility-Concept-in-Supply-Chain-Management. (Consultado: 8/1/2015).

Rigby, D. y Bilodeau, B. (2007). «A growing focus on preparedness». *Harvard Business Review, 85*(7/8), 21-22.

Ritchie, B. y Brindley, C. (2004). *Risk characteristics of the supply chain - A contingency framework. Supply Chain Risk. C.* Burlington, Reino Unido: Ashgate Publishing.

Roth, A. V., Tsay, A. y Pullman, M. E. (2008). «Unraveling the food Supply Chain: Strategic insights from China and the 2007 recalls». *Journal of Supply Chain Management, 44*(1), 22-39. doi: 10.1111/j.1745-493X.2008.00043.x.

Sabath, R. (1998). «Volatile demand calls for quick response: The integrated supply chain». *International Journal of Physical Distribution and Logistics Management, 28*(9/10), 698-703. Recuperado de: www.emeraldinsight.com/doi/abs/10.1108/09600039810248118. (Consultado: 8/1/2015).

Sarangdhar, V. y Pukkila, M. (2014). «Supply chain insights from 2013 for industrial manufacturers». Recuperado de la página de Internet de Gartner: www.gartner.com/doc/2667523/supply-chain-insights-industrial-manufacturers. (Consultado: 9/11/2015).

SCHUB International. (2013). *The official supply chain dictionary: 8000 researched definitions for industry best-practice globally* [iBook]. SCHUB International. Recuperado de: https://itunes.apple.com/es/app/ibooks/id364709193?mt=8. (Consultado: 5/9/2016).

Schwab, K. (2016). «The fourth industrial revolution». World Economic Forum, Cologne/Geneva.

Sehgal, V. (2011Ia). *Supply chain as strategic asset. The key to reaching business goals* [iBook]. Hoboken, Nueva Jersey: John Wiley & Sons. Recuperado de: https://itunes.apple.com/es/app/ibooks/id364709193?mt=8. (Consultado: 8/1/2015).

— (2011b). «What do your financials say about your supply chain?» Recuperado de la página de Internet de Supply Chain Musings: www.supply-chainmusings.com/2011/09/what-do-your-financials-say-about-your.html. (Consultado: 19/12/2014).

Shaffer, K. J. (2009). *The relationship between supply chain efficiency indicators* (Tesis doctoral). Graduate School of Management and Technology, Maryland University College, Estados Unidos. Recuperado de ProQuest: www.proquest.com/products-services/dissertations. (Consultado: 10/12/2015).

Sheffi, Y. (2001). «Supply chain management under the threat of international terrorism». *The International Journal of logistics management. 12*(2), 1-11.

— (2005*a*). «Building a resilient supply chain». *Harvard Business Review. 1*(8), 1-4.

— (2005*b*). «Supply risk management». Recuperado de la página de Internet de CPO Agenda: http://web.mit.edu/sheffi/www/documents/cpo_weatheringstorm.pdf. (Consultado: 7/1/2016).

— (2007). *The resilient enterprise: Overcoming vulnerability for competitive advantage.* Cambridge: Massachusetts Institute of Technology Press.

— (2015). *The power of resilience: How the best companies manage the unexpected.* Cambridge: Massachusetts Institute of Technology Press.

— y Rice Jr, J. B. (2005). «A supply chain view of the resilient enterprise». *MIT Sloan Management Review, 47*(1), 41.

Sherman, R. J. (2013). *Supply chain transformation: Practical roadmap to best practice results.* Hoboken, Nueva Jersey: John Wiley & Sons.

Siegfried, M. (2008). «The resilient supply chain». *Inside Supply Management, 19*(12), 28. Recuperado de: www.ism.ws/pubs/ISMMag/ismarticle.cfm?itemNumber=18751 (Consultado: 11/12/2015).

Simchi-Levi, D., Kaminsky, P. y Simchi-Levi, E. (2000). *Designing and managing the supply chain. Concepts, strategies and cases studies.* Nueva York: McGraw-Hill.

—, Kaminsky, P. y Simchi-Levi, E. (2004). *Managing the supply chain: The definitive guide for the business professional.* Nueva York: McGraw-Hill Education.

Smith, D. y Smith, C. (2014). *Demand driven performance: Using smart metrics.* Nueva York: McGraw-Hill Education.

Southern, R. N. (2011). «Historical perspective of the logistics and supply chain management discipline». *Transportation Journal, 50*(1). Recuperado de: www.freepatentsonline.com/article/Transportation-Journal/253535306.html (Consultado: 21/11/2014).

Srai, J. S. (2009). «Process organisation, capabilities and supply networks - enterprise organization and operation». En K. Grote y E. K. Antonsson (eds.): *Springer Handbook of Mechanical Engineering* (pp. 1279-1290). Heidelberg: Springer.

— y Gregory, M. J. (2008) «A supply network configuration perspective on international supply chain development». *International Journal of Operations & Production Management, 28*(5), 386-411.

Stanjk, T., Autry, C., Bell, J., Gilgor, D., Petersen, K., Dittmann, P., Moon, M., Tate, W. y Bradley, R. (2013). «Game-changing trends in supply chain». Recuperado de la página de Internet de EY: www.ey.com/Publication/vwLUAssets/Game-Changing_Trends_in_Supply_Chain/$FILE/UT %20Game %20Changing %20 Trends %20in %20SC_FINAL %20Online.pdf. (Consultado: 12/12/2015).

Stark, J. (2011). *Product lifecycle management: 21st century paradigm for product realisation.* Londres: Springer-Verlag London. doi: 10.1007/978-0-85729-546-0_1.

Stevens, G. C. (1989). «Integrating the Supply Chain». *International Journal of Physical Distribution y Materials Management, 19*(8), 3-8.

— (1990). *Successful Supply-Chain Management. Management Decision, 28*(8). doi: 10.1108/00251749010140790.

Stewart, G. (1995). «Supply chain performance benchmarking study reveals keys to supply chain excellence». *Logistics Information Management, 8*(2), 38-44.

Stock, J. R. y Boyer, S. (2009). «Developing a consensus definition of supply chain management: a qualitative study». *International Journal of Physical Distribution y Logistics Management, 39*(8), 690-711. doi: 10.1108/09600030910996323.

— y Lambert, D. (2001). *Strategic logistics management* (4.ª ed.). Nueva York: McGraw-Hill.

— Boyer, S. y Harmon, T, (2009). «Research opportunities in supply chain management». *Journal of the Academy of Marketing Science, 38*(1), 32-41. doi: 10.1007/s11747-009-0136-2.

Stokes, R. (2008). «Understanding supply chain risk». *Risk Management, 55*(8), 54-57.

Subramanian, N. y Rahman, S. (2014). «Supply chain complexity and strategy». En U. Ramanathan y R. Ramanathan (eds.): *Supply chain strategies, issues and models* (pp. 1-28) Londres: Springer.

Supply Chain Recruit. (s. f.). «For Candidates - Supply Chain Explained». Recuperado de: www.supplychainrecruit.com/content/supply-chain-explained-26.htm. (Consultado: 21/11/2014).

Swafford, P. M., Ghosh, S. y Murthy, N. (2006). «The antecedents of supply chain agility of a firm: Scale development and model testing». *Journal of Operations Management, 24*(2), 170-188. doi: 10.1016/j.jom.2005.05.002.

Swink, M., Whipple, J., Roh, J. y Turkulainen, V. (2010). *Organizing supply chains in a time of change.* Chicago, Illinois: Council of Supply Chain Management Professionals, Series monograph.

Tan, K. C. Lyman, S. y Wisner, J. (2002). «Supply chain management: a strategic perspective». *International Journal of Operations y Production Management, 22*(6), 614 - 631. doi: 10.1108/01443570210427659.

Tang, C. S. y Tomlin, B. T. (2008). «The power of flexibility for mitigating supply chain risks». *International Journal of Production Economics, 116*(1), 12-27. doi: 10.1016/j.ijpe.2008.07.008.

Tang, S. C., Teo, C. P. y Wei, K. K. (eds.). (2008). *Supply chain analysis: A handbook on the interaction of information, system and optimization* [iBook]. Springer Science+Business Media. Recuperado de: https://itunes.apple.com/es/app/ibooks/id364709193?mt=8. (Consultado: 12/4/2016).

Toni, A. de y Tonchia, S. (2001) «Performance measurement systems. Models, characteristics and measures». *International Journal of Operations y Production Management, 21*(1/2), 46-71.

Toiviainen, T. y Hansen, J. (2011). «Collaborative planning, forecasting, and replishment. Research Paper (IOM 483)». *Operations Consulting, primavera 2011.* Recuperado de: www-scf.usc.edu/~jdhansen/CPFR %20 Research %20Paper.pdf. (Consultado: 28/4/2016).

Tomlin, N. (2006). «On the value of mitigation and contingency strategies for managing supply chain disruption risk». *Management Science, 52*(5), 639-657. doi: 10.1287/mnsc.1060.0515.

Twitchell, K. M. (2015). *Metric engine. Reinventing data supply chains for business*. CreateSpace, Amazon.

Tyndall, G., Gopal, C., Partsch, W. y Kamauff, J. (1998). *Supercharging supply chains. New ways to increase value through global operational excellence.* Hoboken, Nueva Jersey: John Wiley & Sons.

Van Hoek, R. I., Harrison, A. y Christopher, M. (2001). «Measuring agile capabilities in the supply chain». *International Journal of Operations y Production Management, 21*(1/2), 126-148. doi: 10.1108/01443570110358495.

Van Weele, A. J. (2005). *Purchasing y supply chain management: Analysis, strategy planning and practice.* Boston: Cengage Learning EMEA.

Viner, P. (2008). *Operational risk management. The definitive handbook of business continuity management* (2.ª ed.). Hoboken, Nueva Jersey: John Wiley & Sons.

Vlajic, J. V., Van der Vorst, J. G. y Haijema, R. (2012). «A framework for designing robust food supply chains». *International Journal of Production Economics, 137*(1), 176-189.

Voluntary Interindustry Commerce Solutions (2010). «Linking CPFR and S&OP: a road map to integrated business planning». Recuperado de la página de Internet de Voluntary Interindustry Commerce: www.gs1us. org/DesktopModules/Bring2mind/DMX/Download.aspx?command=core_download&entryid=1375&language=en-US&PortalId=0&-TabId=785. (Consultado: 28/4/2016).

Wagner, S. M. (2011). «Stephan M. Wagner discusses supply chain risk management». Recuperado de la página de Internet Science Watch: http://archive.sciencewatch.com/dr/nhp/2011/11maynhp/11maynhpWagn. (Consultado: 13/11/2014).

— y Bode, C. (2006). «An empirical investigation into supply chain vulnerability». *Journal of Purchasing and Supply Management, 12*(6)*,* 301-312. doi: 10.1016/j.pursup.2007.01.004.

— y Bode, C. (2008). «An empirical examination of supply chain performance along several dimensions of risk». *Journal of Business Logistics, 29*(1), 307-325. doi: 10.1002/j.2158-1592.2008.tb00081.x.

Wallace, T. F. (2004). *Sales y operations planning. The how-to handbook* (2.ª ed.). Cincinnati: T. F. Wallace & Company.

Warner, R. M. (2008). *Applied statistics: From bivariate through multivariate techniques*. Thousand Oaks, California: Sage.

Waters, D. (2008). *Supply chain management: An introduction to logistics* (2.ª ed.). Nueva York: Palgrave Macmillan.

Watson, M. y Nelson, D. (2014). *Managerial analytics: An applied guide to principles, methods, tools, and best practices*. Nueva York: Pearson FT Press.

Wharton School (2014). «Supply-chain management: Growing global complexity drives companies into the 'cloud'». Recuperado de la página de Internet de Wharton School: http://knowledge.wharton.upenn.edu/article/supply-chain-management-growing-global-complexity-drives-companies-into-the-cloud. (Consultado: 28/10/2014).

Weick, K. E. y Sutcliffe, K. M. (2007). *Managing the unexpected: Resilience performance in an age of uncertainty* (2.ª ed.). San Francisco: Jossey-Bass. A Wiley Brand.

Wildgoose, N., Brennan, P. y Thompson, S. (2012). «Understanding your supply chain to reduce the risk of supply chain disruption». *Journal of Business Continuity y Emergency Planning, 6*(1), 55-67. Recuperado de: www.ncbi.nlm.nih.gov/pubmed/22948106 (Consultado: 8/1/2015).

Wisner, P. (2011). «Linking supply chain performance to a firm's financial performance». *Supply Chain Management Review.* Recuperado de: www.scmr.com/article/linking_supply_chain_performance_to_a_firms_financial_performance (Consultado: 4/8/2015).

World Economic Forum (2008). *Hypero-optimization and supply chain vulnerability: an invisible global risk? Global Risks 2008 - A global Risk Network Report.* Suiza: World Economic Forum. Recuperado de: www3.weforum.org/docs/WEF_GlobalRisks_Report_2008.pdf. (Consultado: 11/8/2016).

Yusuf, Y. Y., Gunasekaran, A., Musa, A., Dauda, M., El-Berishy, N. M. y Cang, S. (2014). «A relational study of supply chain agility, competitiveness and business performance in the oil and gas industry». *International Journal of Production Economics, 147,* 531-543. doi: 10.1016/j.ijpe.2012.10.009.

Zeng, F. G. (2011). *Models for evaluation of supply chain risk with application to healthcare management* (Tesis doctoral). University of Texas at Arlington. Recuperado de UTA Libraries (N.º de acceso DISS-11885).

Zsidisin, G. A. y Smith, M. E. (2005). «Managing supply risk with early supplier involvement: A case study and research propositions». *Journal Of Supply Chain Management, 41*(4), 44-57. doi: 10.1111/j.1745-493X.2005.04104005.x.

Zsidisin, G. A. y Wagner, S. M. (2010). «Do perceptions become reality? The moderating role of supply chain resiliency on disruption occurrence». *Journal of Business Logistics, 31*(2), 1-20. doi: 10.1002/j.2158-1592.2010.tb00140.x.

Dr. Jorge Calvo

Cargos actuales

- Vicedecano, profesor y asesor estratégico independiente con sede en Tokio, con 32 años de experiencia ejecutiva global en estrategias corporativas para la transformación empresarial digital.

- Vicedecano y profesor de Estrategia, Industria 4.0, Estrategia de Operaciones, Transformación de Negocios e Investigación en la GLOBIS University Graduate School of Management de Tokio (Japón), la mayor escuela de negocios en Japón, con 900 estudiantes MBA y la mejor satisfacción de los estudiantes.

- Profesor visitante de Strategy Business Transformation en ESADE Business School, Barcelona (España).

- Profesor de Global Supply Chain Management en OBS Business School, Universidad Barcelona (España).

- Profesor de Global Supply Chain Management en Universitat Abat Oliva CEU (Barcelona, España).

- Miembro de la Junta Directiva de la Japan Operations Management and Strategy Association.

Experiencia ejecutiva

- Presidente de la Global Supply Chain Management Division en la sede central de Roland DG Corporation Japan (2011-2016).

- Presidente y CEO de Roland DG EMEA (2009-2012).

- Presidente y CEO de Roland DG Iberia (1985-2009). Roland DG es una empresa japonesa líder a nivel mundial, con sede en Hamamatsu (Shizuoka). La compañía desarrolla y produce impresoras de gran formato, impresoras 3D, sistemas dentales CAD/CAM y soluciones de medios digitales de comercio electrónico.

Educación

- Doctorado en Economía y Administración de Empresas; Universitat Abat Oliba CEU.

- Máster en Estudios Avanzados en Administración de Empresas; Universitat Abat Oliba CEU.

- Licenciado en Económicas y Ciencias Empresariales; Universitat Abat Oliba CEU.

- GMP General Management Diploma; Harvard Business School.

En internet

Sitios web:

- www.aroundthefuture.com

- www.strategy4.org

Linkedin:

- www.linkedin.com/in/jcalvog